JN410685

2014년 9월 27일 서울창작합창제 백석아트홀

제15회 서울창작합창제 날
하옥이 회장, 김진우 작곡가회 회장 인사말

좌로부터 전산우 부회장 외

서울바로크싱어즈 합창단원

성승부 부회장

2014년 서울창작합창제 참가회원

좌로부터 양만규 시인 외

양점숙 시인 외

좌로부터 신상철 시인, 고혜영 작곡가, 박원혜 시인, 노유섭 시인

좌로부터 장후용 시인 외 관객들과 함께

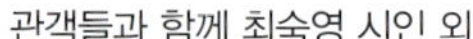

관객들과 함께 최숙영 시인 외

신상철 이사 전산우 부회장

예술의 전당에서–서울창작가곡제 발표날

-옥이 회장–김진우 회장께 감사패 전달

한국작곡가회 김진우 회장 인사말

김화인 시인 사회 진행 –
예술의전당 독창제
발표 행사날

서울창작가곡제 예술의전당에서

김경양 작곡가, 신영옥 자문위원,
이영린 시인

예술의전당 독창제 발표날–우로부터
전산우, 박영원, 신영옥, 박영애, 노유섭 선생님 외

예술의전당에서

예술의전당에서–이난오 자문위원의 가족
독창제 발표에 참가

영상CD제작소에서

2014년 한국가곡예술인상 수상자와 함께

좌로부터 하옥이 회장, 박영원, 엄원용 고문, 이광녕 명예회장

제1회 한국가곡예술인상 수상 초대회장
용 고문께 상패와 상금전달–하옥이 회

제1회 한국가곡예술인상 수상 박영원
고문께 상패와 상금 전달–하옥이 회장

공로패 이광녕 명예회장께 전달
–하옥이 회장

축사 – 김진우 한국작곡가회 회장

한해를 보내며

사회진행–김화인 부회장

시는 노래가 되어 출판기념 –케익 커팅

국기에 대한 경례

가곡의 발전을 위하여 부라보

시낭송집을 보며

좌로부터 김화인, 박영원, 박영만,
류재영, 서봉석 이영린 시인

화인 시인 김연지 작곡가 김윤기 시인

박영만 자문위원 건배 제의

최숙영 시인, 김진우 교수, 엄원용 시인

만찬

좌로부터 배수현 시인 외 다정한 순간

좌로부터 김석근 시인 외

정기총회날

정기총회날-하옥이 회장 인사말

감사보고 박남권, 장미숙 감사

작고한 문인을 위한 묵념

2015 정기총회 –
사회 전산우 부회장 진행 중

신영옥 자문위원-
본회의 발전을 위하여 부라보

좌로부터 송귀영 이사 외 한 잔 쭈-

지성해, 도춘원 이사

만찬

두 분 뭐하십니껴

김미형 시인

김석근 시인

김연지 작곡가

김연하 시인

김윤기 시인

김진우 교수

남민옥 시인

도춘원 시인

류재영 시인

류한상 시인

박남권 시인

박영애 시인

박영원 시인

박원혜 시인

배수현 시인

서봉석 시인

성승부 시인

신계전 시인

신상철 시인

신충훈 시인

엄원용 시인

유희봉 시인

이광녕 시인

이난오 시인

이영린 시인

이한현 시인

장미숙 시인

전산우 시인

진일 시인

최숙영 시인

시낭송집

2015 시는 노래가 되어

2015

시는
노래가 되어

노래시집 제23집

한국가곡작사가협회

|서 문|

詩가 사회에 미치는 영향

회장 하 옥 이

딱딱한 껍질로 조갯살을 감싸고 있는 조개는, 아무리 입을 굳게 다물어도 흙, 모래알갱이 같은 미세물질이 들어가기 마련이다.

모래알 하나에도 견디기 힘든 부드러운 조갯살이 자기 몸을 자극하는 이물질을 끌어안고 날마다 눈물을 펑펑 쏟아내며, 고통을 반복하는 동안 비로소 살아 숨쉬는 진주로 탄생한다.

천년보석의 여왕인 진주는 크기와 빛깔, 광택이 각양각색이지만, 조개가 일생동안 흘린 눈물의 화석이나 다름없다.

이와 같이 한 편의 詩도 진주로 거듭나기까지 오랜 세월 한 겹 두 겹 인내의 층을 쌓으며 내 안에서 새롭게 태어나는 일이라고 생각한다.

디지털시대로 급변하는 현시대는 어제와 오늘의 변화와 충돌하며 많은 사람들이 존재에 대한 결핍으로 그 무엇을 통해 자신을 위로 받고 싶어 한다.

문명이 발전한 만큼 수명은 길어지고, 물질과 지식은 충만하여 부족함 없지만, 불안의 수위는 더 높아져 위기마저 느끼게 하는 이때, 詩人은 어떤 마음가짐으로 글을 써야 하는지 화두를 던지게 만든다.

시인이 갈등하여 아픈 詩를 쓰면, 읽는 사람의 마음이 아프고, 미움이 가득하면 분노하는 마음을 심게 되므로 시인은, 언제나 사명의식을 갖고 구별된 삶을 살아야 하는 운명이다. 그리고 시인은, 절망과 혼돈 속에서도 자신과 세상을 탐구할 줄 알아야 한다. 그러므로 시를 '거룩한 주인'으로 모시고 정의하며 살아야 한다. 왜냐하면 절망에 이른 나를, 또는 어느 누군가를 구원해 줄 수 있기 때문이다. 그리고 시와 동행하려면 자신이 거룩한 삶을 살지 않고서는 절대로 그 영역에 들어갈 수 없다는 것도 스스로 느낄 수 있다. 때로는 나를 굴복시킬 줄 아는 詩는, 세상 사람들처럼 육을 좇아 이기적인 삶을 살아서는 안 된다고 가르친다. 그러므로 시인의 일상은 창작을 위해 날마다 영혼의 변화를 갖지 않는다면 세상을 이끌어가는 시를 쓸 수가 없다는 것이다.

詩人은 날마다 어제를 뒤돌아보며, 오늘의 반성이 있어야 되겠고, 내일은 마음을 닦고 비워서 머리가 아닌 따뜻한 가슴으로 감동을 주는 詩를 쓸 때, 모든 사람들의 정신적인 지주가 되는 아름다운 시로써 사회로부터 버림받지 않을 것이다.

광복 70주년을 맞아 올해로 23번 째로 『시는 노래가 되어』 노래시집을 발간하게 되었다.

오랜 시간 조개껍질 속에서 참고 견뎌온 우리의 시가, 노래가 되어 천연보석과 같은 진주로 거듭나길 기대한다.

2015년 3월
북한산 밑에서

차 례

차 례

곽 금 남

가을에
외 4 편

연세대학교 교육대학원 졸업
'사향' 동인.
한국가곡작사가협회 회원

H.P : 010-4613-7342
E-mail : kwakjh2001@naver.com
132-782. 서울시 도봉구 노해로 66길 21
삼성아파트 115-1404

가을에

마을 길 수수하고 말쑥한 코스모스
따가운 햇살 안고 빨갛게 익어가는 감
청명한 하늘 아래 말라 가는 잎 사이에서
바스락거리며 속삭이다 뛰어내리는
알밤 소리 도토리 소리
날로 맑아져 가는 바람 소리
멀리서 단풍 물 샘솟는 소리--
순박한 가을 풍경과 소리 속에서
주님의 모습과 음성을 찾아봅니다.

어느 오월의 끝

눈이 부시도록 아름다운 오월인데
눈물 펑펑 뿌려내는 아픔도 없이
함박웃음 쏟아내는 사랑도 없이
또 하나의 봄을 보내야 하나요
아무런 응답 하나 받지 못하고
만날 사람 보낼 사람 하나 없이
그저 아득한 하늘만 봐야 하나요
그게 그렇게 어려운 일이었나요
다짐은 아니라도 눈길 한 번 주고
약속은 아니라도 손길 한 번 주고

물

아무리 많은 빛을 얼기설기 엮어 와도
마다치 아니하고 모두 담아 씻어 주는
그윽한 당신 눈 속에 가득 차는 애련함

세상사 모든 소리 귓가에 모아 두고
눈물로 응결된 아픔 어이 할 수 없어
곤한 밤 숲 속 길을 홀로 울어 예는가

만물을 움 틔우는 넓고 큰 가슴으로
향기도 전혀 없이 아래로만 흘러흘러
한없이 솟아나는 것 어버이의 내리사랑

믿음의 열매를 맺게 하소서

우리 믿음의 반석이 되시는 주님
무섭고 힘들었던 여름의 끝자락에서
산은 마지막 푸르름을 발산하고
강물은 다시 맑은 얼굴로 흐르는데
수마가 할퀴어 놓은 아물지 않은 상처에
어느새 묽은 이슬이 내리려 합니다.
주님, 찬바람이 불기 전에 치유하여 주시고
우리에게서 이미 없어진 것에 연연하지 않고
아직 우리에게 남아 있는 것으로 감사하며
절망과 원망의 한숨이 변하여
소망과 찬미의 송가가 되게 하소서.
7일 간의 찬양을 위하여 7년을 준비하는 매미의 정성으로
온 맘과 몸을 다해 믿음의 열매를 맺게 하소서.

곽금남 13

제비꽃

산모롱이 길을 돌아가다가
자줏빛 자그만 별들을 보았네

손잡고 모여 앉아 재재거리며
구름에 실어 올리는 노랫소리 들었네

삼짇날 되어도 제비는 오지 않아
제비꽃 애잔한 노래는 풀숲을 맴돌고 있었네

권 혁 수

비누나무열매
외 3 편

강원일보 신춘문예 소설 당선
계간 〈미네르바〉 시 등단
서울문화재단 젊은예술가지원 선정
한국현대시인협회 현대시인작품상 수상
시집 『빵나무아래』 (천년의시작)

H.P : 010-8218-9667
E-mail : hyuksoo1206@hanmail.net
137-819 서울 송파구 거마로 22길 38-4(마천동)

비누나무열매

그 여자가 비누나무 열매를 보내왔다 티베트 먼 나라에서
그리운 마음 졸이고 졸여 한 주머니 보내왔다
이별이 얼룩진 까닭을 씻고 씻어 얼굴 밑에 숨겨둔
하얀 얼굴로 걸어오라고 걸어와
거룩하게 만나자고
명상의 시간을 보내왔다 하얀 비누나무의
동그랗고 작은 열매를 따서 곱게 보내온 그 눈매를 그리며
나는 몸을 닦고 또 닦았다 눈도 씻었다 아침에 한 번
저녁에 두 번 불안한 그늘에 향 사르고 우울한 기억에 빛 뿌리고
착하고 부드럽게
하루하루 내 납작해진 영혼의 낙엽마저 말끔히 떨어냈다
하얀 비누나무 한 그루 되어
그 날, 그 여자 앞에 우뚝 서고 싶어

금지된 외출

꽃이 피어있네요 한 송이
입산금지 구역 철조망 아래 얼굴 숙이고
출입금지 사무실에 잘못 배달된 영전축하 화분처럼
외부음식 반입금지 카페의 구석진
적막을 딛고
200m 접근금지 통보를 받은 절름발이 아내의 남자처럼
노을에 젖고 있네요
입산금지 구역 철조망 밖을 향해 붉게
붉게 눈감고
한때 고독을 괴롭히던 저녁해를 외면하고 초록이 야윈 줄기를
가을바람에 흔들고 있네요
가슴이 구멍 나 눈물이 메마른 꽃잎을
철조망 밖으로
한 잎 한 잎 날려 보내며

보수공사 중

싸늘하게 맑은 초겨울 하늘이 내려다보고 있다

나는 보수공사 중이다

온 몸뚱이가 뿌리 없는 나무 등걸 같다
창문엔 커튼이 쳐져 낮에도 생각이 어둡다
커튼을 걷고 안경 유리를 닦아보고 둑이 무너진 뱃살에 지방을 제거하고 얼굴주름에 보톡스를 주사하고 백발을 파마한 후 염색하고 구멍 난 뼈 마디마디마다 시멘트를 부어본다

시멘트가 마르려면 달포가 걸린다
애초 시방서에 누락된 것은 없다
시공이 게으를 뿐

어디서부터 손을 대야 할까
난감하다

보수공사는 비가 와도 멈추지 못한다 그러나
언젠가 중단될 것이다 나 모르게

휴식시간이 너무 길어 완성하지 못한
나의 하루가 비어간다

어둠이 하늘을 가려준다
닫힌 창문 틈으로 반달이
보수공사장을 들여다보고 있다

종점의 가을

막차에서 내린 포플러 가로수가
혼자 들길을 건너가고 있었어

다리가 저린 듯 외다리로
힐끗힐끗 개찰구를 돌아보며
더 이상 갈 수 없는 데도 아무도 내리지 않는
전철을 원망하듯

보름 뒤에나 들르겠다던 눈보라와 함께
철탑에 걸린 외가닥 전선줄을
잡아당기고 있었어

전철을 버리고 가을은
건너가고 있었어.

김 미 형

백여덟 번의 마음낮추기

외 4 편

경남 남해 출생
한국문인협회, 국제펜클럽, 한국가곡작사가협회, 강동문인회.
시집 : 『내안에 있는 너』
『인연이 흐르는 강』
공저 : 『마음에 평안을 주는 시』 1~8집
가곡 : 『바람이 전하는 말』
『두물머리 연가』
『가족』 등
문학상 : 제 7회 황진이 문학상 본상 수상.

H.P : 010 -5493- 2009
E-mail : nature609@hanmail.net
134-060 서울시 강동구 둔촌동
주공아파트 411동 803호.

백여덟 번의 마음낮추기

낮은 마음 낮은 목소리
낮은 몸짓으로 엎드린 참회의 길
허물지 못한 얼음산이 빙하로 흐르네
마음에는 빛을 따라 흐르는 고운 숨소리
아침 햇살을 맞이하는 오뉴월 숲을 닮았네
영원할 줄 알았던 집착과 교만의 만년설
바다로 흘러가네 흘러가네

언어의 기도

거친 부평초 언어로
말을 희롱하지 않으며
언어의 여정에 이끼가 되지 않는
흐르는 물 같은 그대와 내가
되게 하소서

거침없는 말과 행동이
넘치는 강물처럼 흐른다면
그것이 진실이라 할지라도
사람을 잃게 됨을 알게 하소서

지혜로운 별이 되어
결이 고운 언어의 집에서
사람의 향기 그윽하게 하시고
하루의 창을 정갈하게 열게 하소서

도반道伴

어둔 길에서 빛이 되는 길벗이 되고
길 없는 길에서 풀섶 헤치며
길을 만드는 이여

뱁새의 날개 같은 마음씀씀이도
살가운 봄볕으로 따스하게 보듬고
붕새의 날개 같은 허물도

어머니의 가슴으로 보듬는 이여
그 무엇이라도 나누며 걷고 싶은
깊은 가을을 닮은 그대여
깊은 가을을 닮은 그대여

바람에게 물어볼까

아름다운 영혼이 그리운 날은
바람처럼 살고 싶다고 사람들은 말하네
사는 일이 힘겨울 때면
바람처럼 사라지고 싶다고 사람들은 말하네
촉감으로 다가와 웃고 울게 하는
바람의 옷 입지 않은 이 세상에 있을까
바람에게 물어보면 무어라 대답할까
바람에게 물어보면 무어라 대답할까

은나래 사부곡

– 공중에서 산화한 빨간마후라를 기다리며 –

환청으로 들리는 발자국 소리에
몇 번이나 맨발로 달려갑니다
멀고 먼 별나라에 머물다 오시나요
귀밑머리에 하얀 눈이 내려도
아까운 내 사람은 오시지 않네
붉게 핀 유월의 접시꽃에서
그대 붉은 마후라만 웃고 있네요
눈 감아도 잊지 못할 내 사람이여
은빛 날개 손잡고 어제인 듯 오소서
내 사랑하는 사람이여
바람결 앞세우고 어제인 듯 오소서

김 석 근

향수
외 4 편

원광대 한의과, 동 대학원졸업 한의학박사,
한양대 신약개발학과 대학원교수
강남구 한의사협회 부의장
21C한국문학회 부회장
한국문인협회 회원
기독교예술문화협회, 기독교문인협회,
창조문학회, 세계예술문화아카데미 회원
세계시인협회,국제작가협회 종신위원
저서 : 『치질과 변비가 없는 세상』
『건강한 갱년기 행복한 중년』
시집 2002년 『빛과 소금되게 하소서』
영문시집 외 다수
수상 : 1991년 3월 평화통일문학상 시부분 당선
2001년 21C한국문학회 시부분 대상수상
2009년 세계평화문학대상 수상
세계환경문인협회 시부분 대상 수상

H.P : 010-9146-6633
E-mail : ksk2112@hanmail.net
135-951 서울시 강남구 선릉로 704
청담벤처빌딩 4층 김석근 한의원

향수

우리는 돌아 가리라
실개천이 흐르는 푸른 산천
그곳에는 꿈이 영글어가는 별

욕망은 불타오르고
집착은 용솟음치는데
갈 길은 멀고 험하다

번화가 네온사인의 광란
가무와 주색에 도취되지만
그 끝은 늘 허전하고
후회스러운 것을

우리는 돌아가리라
별이 쏟아지는 푸른 산천
우수와 증오가 없고
사랑과 평화가 깃드는 곳

길 잃은 자들이여
사랑을 버린 자들이여
푸른 고향 동산에 올라
어릴 적 자연의 소리를 들으며
한 그루의 아름다운
사과나무를 심자.

은마(유원지)의 봄

호숫가 산마루에
벚꽃 안개 피어오르고
솜사탕 파는 여인의 가슴은
연분홍 빛으로 부풀어 있고
손님 끄는 샹송곡에
관광객은 도취해 있었다

석양이 입맞추고 간 은반에서
금빛 꽃잎들이 왈츠를 추고
상춘객이 몰려와
호수는 벌거숭이 인어로 넘쳤네

쏜살같은 쾌속정이
열린 가슴으로 달리고
질풍이 젊은 여인의
검은 머리를 휘날리고 있었다

고요한 달빛아래
호반의 밤은 깊어가고
불나방들이 디스코장에서
젊음을 불태우고 있었다.

봄 처녀 오시네

봄비 먹은 새싹마다
긴 동면에서 깨어나
새 하얀 하늘 향해
기지개 켜는 뭇 생명
꿈에서 깨어나는 대지여

초봄을 알리는 전령
예쁜 버들가지
개울가 골짝 타고
피어 오른다

북한산 등성이
진달래 물오르면
여윈 소쩍새
멀리 날아가고

적막한 산사
구도하는 비구니
시름 아득한데
화사한 봄빛 타고
봄처녀 제 오시는가

산촌에서 살리라

나는 늦은 가을날
산촌에서 살리라

이른 아침
참새 소리에 깨어나
맑은 공기 힘껏 마시고
단풍 짙은 오솔길 거닐며
홀로 사색에 잠기리라

눈부신 낮에는
오곡백과 만발한 들판
그윽한 흙내음 듬뿍 맡으며
금잔디 위에 길게 누워
추억의 노래 부르고
한 세상 미련없이 살리라

붉은 노을 곱게 타는
황혼이 찾아 들면
초가삼간 사랑방
호롱불 밝혀놓고

날짐승 들짐승
울음소리 들으며
인간사 그리면서
한 백년 살리라

한 송이 들국화

오늘도 바람 부는 가을 언덕에
한 송이 들국화가 피었습니다
그대는 청순하고 어여쁜 새아씨
지나가는 나그네 발걸음을
멈추게 합니다

오늘도 인적 없는 가을 언덕에
외로이 들국화가 피었습니다
그대는 정숙하고 우아한 새아씨
지나가는 나그네 발걸음을
멈추게 합니다.

늘봄 김 숙 선

모정
외 4 편

호 : 늘봄
경남 고성 (출생)
시조문학 등단 (2005년 통권156호 가을호)
(사) 한국문인협회 (협력위원)
(사) 한국 시조시인협회 (중앙위원)
한국 여성시조문학 (이사)
시조문학 문우회 (부회장)
소가야 시조문학회 (3대회장)
수상 : 샘터 시조상 (2006)
한국 시조시인협회 공로상(2008)
시조문학 올해의 좋은 작품집 (2010년)
저서 : 시조집 『그리움의 창』 (2010년 4월)
소가야 시조문학 『창간호』 출간 (2010)

H.P : 010-3359-8222
E-mail : 101kss@hanmail.net
638-807 경남 고성군 고성읍 공룡로 3097-16
늘봄예술촌 대표 김숙선

모정

엮어진 매듭으로 인연의 굴레인가
노을빛 타다 남은 해묵은 잿빛너울
세월의 틈바구니에 풀 한 포기 자라나.

그림자 달빛파도 목련화 피고 지는
해묵은 서랍속의 빛바랜 흑백사진
묵향이 다 마르도록 난을 치는 밤이여.

쪽머리 물레소리 구름에 띄워 놓고
연둣빛 수풀 헤친 모정의 그리움을
차향에 적시는 추억 베틀 위에 아리고.

명주올 물레소리 굴렁쇠 돌아가는
세월의 깊이만큼 그립고 아쉬워서
오늘도 나의 마음은 풍선처럼 부푼다.

보길도甫吉島에서 고산孤山의 숨소리

긴 세월 아린 아픔 지필묵을 풀어놓고
추억의 화폭에다 묵향으로 난을 치는
하늘도 구름을 풀어 사군자를 그린다.

감돌아 치는 파도 그도 시를 읊는지
지난 밤 폭우 속에 조약돌을 부려 놓고
바람도 찌를 드리워 꿈을 낚고 있구나.

동심의 창

신록의 그 계절엔 찔레꽃 피고 지고
풀섶에 묻어둔 정 석화 딴 그곳에도
매화꽃 만발하여 언약 열어보는 창이여.

고부랑 산길 따라 가을이 물든 날엔
기러기 울며불며 날아간 서쪽 하늘
연둣빛 그 추억들을 이삭 줍는 동심아.

옛 뜰에 핀 민들레 언제나 아름답고
모닥불 반딧불에 헤아린 은하수가
초록빛 숨바꼭질로 아름다운 창이여.

기억을 버리기도 줍기도 하는 동심
언제나 눈감으면 빛보다 더 빠르게
쓸고 간 모래성 위를 시시때때 노닐다.

늘봄의 회고

사계절 봄이어라 버팀목 세워 놓고
때로는 지루하고 짜증도 부렸건만
묵묵히 억새풀 뽑아 물길마저 돌렸소.

허기진 세월 앞에 한 생을 다독거린
여인의 눈물겹던 얼룩진 잔디밭에
토라져 자맥질하던 젊은 날의 추억들.

등나무 가지마다 호롱불 밝혀 놓고
샘터에 깃털 꽂아 보라매 흔들면서
오로지 석탑 쌓듯이 꽃 두레로 엮었소.

고성오광대

– 첫마당

무언의 가면극을 하늘에 고하고서
한바탕 무르익은 산대놀이 펼치고요
중앙의 다섯 방위로 신들림을 푸노니.

– 문둥춤

숨죽인 울음으로 피끓는 고통인가
사투에 뭉그러져 무명천 너울 속에
각아진 피리소리가 밤하늘에 떠돈다.

– 양반춤

구름에 돛을 달아 휘영청 밝은 저 달
푸른 산 등에 메고 세월 낚는 양반권속
대들보 무너지는 줄 모를 거야 모르리.

– 비비마당(말뚝이춤)

얼루고 뫼시듯이 익살이 한창이고
말려든 도포자락 감돌아 구겨진 채
어울린 남녀노소가 높고 낮음 없어라.

– 승무마당(파계승의 춤)

요염한 눈웃음에 고드름 녹이듯이
풍류에 구름 타고 흥겨워 어화둥둥
하늘의 저 노여움이 천둥으로 울더라.

–제밀 주

백년가약 돌팔매로 기생첩 품에 녹아
양귀비 향에 취해 쑥대밭 잡초 엉킨
칠거 죄 십리도 못가 천벌 받는 단막극.

– 막장

누구나 세월 가면 가야 할 북망산천
뉘라서 데려 가랴 망갯꽃 따먹어도
이승이 더 좋다는데 어이 갈 수 있으랴.

김 연 하

경복궁 景福宮

외 4 편

중앙대학교 국제경영대학원
월간 문예사조 詩로 등단
사단법인 한국문인협회 회원
사단법인 한국현대시인협회 이사
한국가곡작사가협회 이사
사단법인 한국사진작가협회 회원
사단법인 한국문학세상 정회원
한국전력주식회사 부장 전직
(주) 한국전기기술단 이사 현직
국가유공포장 등 9회 수상
한국사진작가협회 사진공모전 입선 24회
시집 : 제1시집 『깨어나는 산』
제2시집 『세월은 흘러도』
제3시집 『인생유정』
제4시집 『겨울소나타』
제5시집 『백두대간사계』
제6시집 『강마을』
제7시집 『꽃들의 향연』
제8시집 『인연(因緣)』
제9 『집 마음의 창』
수필집 : 『아름다운 인생』
시조집 : 『그리움은 강물처럼』
노래시집 : 제1집 『가을연가』
제2집 『날아라! 새들아』.
제3집 『구름나그네』
제4집 『그리운 얼굴』.

H.P : 010-4171-9073
홈페이지 : http://cafe.daum.net/poemgodam
E-mail : godamkim@hanmail.net
godamkim@never.com
137-780 서울특별시 서초구 서초중앙로 24길 43
101동 1104호(유원서초아파트)

경복궁景福宮

역사의 침묵 속에서 유구한 세월을 지녀온
선조들의 손때가 묻어나는 고결한 숨결
창살의 문양이 장중하고 옥구슬 같은 장식들
선인들의 장인 정신이 창의적이고 슬기롭네.
호국의 영롱한 혼불 따라 그윽하게 피어나
수천 년 무궁한 빛을 영원히 밝게 비추리라.

시대의 침묵 속에서 유구한 세월을 지녀온
선조들의 손때가 묻어나는 고결한 숨결
창살의 문양이 장중하고 옥구슬 같은 장식들
선인들의 장인 정신이 창의적이고 슬기롭네.
호국의 영롱한 혼불 따라 그윽하게 피어나
수천 년 무궁한 빛을 영원히 밝게 비추리라.

북악성벽 北岳城壁

고색창연한 무너진 성벽이 찬란하던
역사의 숨결 호국의 혼으로 피어 흐르네.
무상한 세월 속에 한스러운 민초들의 넋
이끼 끼고 화석이 되어 군상을 이루고
선인의 흔적이 천년을 잠들어 붉게 타
영혼으로 용트림하며 영원히 빛나리라.

고색창연한 무너진 성벽이 찬란하던
역사의 숨결 호국의 혼으로 피어 흐르네.
길고 긴 세월 속에 한스러운 민초들의 넋
이끼 끼고 화석이 되어 군상을 이루고
선인의 흔적이 천년을 잠들어 붉게 타
영혼으로 용트림하며 영원히 빛나리라.

은장도銀粧刀

고달픈 삶 속에 단아한 모습으로
아픈 마음 도려내는 싸늘한 은장도
살아생전 맺은 인연 끊지 못하여
뜨거운 눈물로 옷고름을 적시며
수많은 서러움에 숙명과 질곡으로
정절을 지켜가는 조선여인의 숨결
죽어서도 천년을 숨 쉬는 넋이여

애달픈 삶속에 상큼한 모습으로
아픈 마음 도려내는 칼바람 은장도
세월 속에 맺은 인연 끊지 못하여
뜨거운 눈물로 옷고름을 적시며
한 많은 사연으로 숙명과 질곡으로
정절을 지켜가는 조선여인의 숨결
죽어서도 천년을 숨쉬는 넋이여

돌담길

오색단풍 울긋불긋 휘날리는 날에는
그대와 나 낙엽 지는 돌담길 걸으며
기분 좋은 하루 더욱 깊어지는 사랑
가슴 한 편에 소망이 차곡차곡 쌓이네.
아무리 지우려도 지워지지 않는 자국
서로가 아름다운 행복의 길 열리네.

오색단풍 울긋불긋 나부끼는 날에는
당신과 나 낙엽 지는 돌담길 걸으며
기분 좋은 하루 더욱 깊어지는 사랑
가슴 한편에 희망이 차곡차곡 싸이네.
아무리 감추려도 지워지지 않는 자국
서로가 아름다운 행복의 길 열리네.

꽃피는 강마을

봄바람이 불어 골짜기에 봄기운이 스미고
나뭇가지마다 싹이 돋아 꽃망울 터트리네.
강둑길을 걸으니 구성진 강물 흐르는 소리
여기저기 꽃으로 장식되어 화려해지고
벌 나비 날아들고 즐겁게 춤추는 듯
꽃향기가 가득하고 화창한 빛 비추며
만개한 꽃마을에 환상의 나래 펼쳐지네.

꽃바람이 불어 골짜기에 봄기운이 스미고
나뭇가지마다 싹이 돋아 꽃망울 터트리네.
강둑길을 걸으니 구성진 강물 흐르는 소리
여기저기 꽃으로 장식되어 화려해지고
벌 나비 날아들고 즐겁게 춤추는 듯
꽃향기가 가득하고 우련한 빛 비추며
만개한 꽃마을에 환상의 나래 펼쳐지네.

김 종 선

산정호수
외 4 편

시인 · 수필가 · 사진작가
출생지 전북
동국대학교 행정대학원 졸업
월간 문학21 시로 데뷔
지구문학 수필로 데뷔
한국문인협회, 국제펜클럽한국본부 회원
교통사고감정사
경찰종합학교 교수
도로교통안전연구소장

산정호수

깊은 산 속 맑은 우물 산정호수는
산새들의 눈물 모여 호수를 모았나
밤하늘에 은하수 이슬 되어 내렸다
아침햇살 숨어 흘러 호수를 이뤘나
내 사랑 아름다운 그대의 모습처럼
아련한 물안개가 연인들을 부르는
꿈길같이 아름다운 그리운 호수여
사랑의 호수여-사랑의 호수여-

깊은 산속 맑은 우물 산정호수는
아스라한 바위산 병풍으로 두르고
천년고찰 자인사 수도승 염불소리
속세를 씻어내고 티없이 흘러들어
내 사랑 아름다운 그대의 모습처럼
아련한 물안개가 연인들을 부르는
꿈길같이 아름다운 그리운 호수여
사랑의 호수여-사랑의 호수여

그리움 · 2

김종선

가슴 가득
벅차게 몰려왔다
한 순간에 사라지는 너

어제는
한 점 바람으로 일어
강풍으로 몰아치더니

오늘은
밤하늘 은하수처럼
잔잔하구나

내일은
또 어떻게
내 가슴 설레게 할까

내 마음
호숫가에
돌팔매 같은 너

삶

사노라면
행복해 웃는 날 불행해
우는 날

그리움이
사무쳐 혼절하는 날도
있건만

세월은
매정하게 기다려 주지
않고

행복은
붙잡아도 쉬이
떠나고

불행은
밀쳐내도 떠나지
않네

당신의 마음

클릭! 클릭!
더블 클릭!
당신의 서버에 접속하기 위해
나는 오늘도 당신의 창을 클릭합니다

당신이
창을 닫고 또 닫고
몇 겹으로 닫아놓아도

캄캄한 상자 속에 감춰놓은
영롱한 진주를
끌어내기 위해

나는 기필코
압축된 파일을 풀고
신형버전을
당신 창에 깔아놓을 것입니다.

줌렌즈로 가을의 심장을

하늘
산
숲
나무
계절이 오는 길목을 지키고서
줌렌즈로 가을의 심장을
들여다본다

가을은
높은 산봉우리에서
하늘을 밀어 올리고
능선을 타고 내려오다
단풍나무 숲에서
붉은 피를 뿜어댄다

가을이 머무는 곳엔
온통 선혈이 낭자하다

김 태 호

섬진강
외 4 편

영남대학교 졸업
한국문인협회 · 한국시인협회 · 〈시락회〉 회원
한국가곡작사가협회 부회장 역임
종로구청 문화홍보실장 역임
〈한국시〉 신인상 및 문학상 수상
시집 : 『달빛 씻기』
『한 줄의 시로 하여』
『서럽지도 않으리라』
『눈 나라 소식』 외.

H.P : 010-4717-3718
446-570 경기도 용인시 기흥구 구성로 99
동북센트레빌 105-306

섬진강

산이 좋아 모롱이 돌고
사람 그리워 마을을 돈다

머리 맞댄 마이산 꼭대기
따스한 바람 불어오면
실개천 모여 오백 릿 길 간다

언덕바지 피어난 산당화
해맑은 복사꽃에 눈빛을 씻고
바위틈 잠든 고기떼도 깨운다

여릿여릿 다가오는 연둣빛 숨결
어느 뇌성치는 날이어든
강바닥 박힌 돌 굴리며
부서진 자갈 바다로 나르려나

아직도 손시린 봄풀 같은 강물아.

바람따라 낙엽이

골목길 달려가 큰길에 서면
등뒤로 불어오는 소슬한 바람
바람 타고 낙엽이 따라오네
바람이 멈추면 낙엽이 따르네

오늘도 바람따라 무리진 낙엽
소슬한 바람소리 귓전 울리면
행여나 잠들세라 눈을 뜨는 가랑잎
바람소리 놀라 낙엽이 일어서네
돌아서 돌아보며 길을 나서네

초록터널 지나며

물결치는 푸르름에 스쳐나는 바람
마주치는 눈빛에 어질머릴 앓는다
앞 뒤 돌아봐도 초록의 둘레
어기찬 대지의 숨결 살빛으로 등등하다

새어드는 햇살 향기로운 내음에
가던 길을 멈추고 휘파람 소리 듣는다
천천히 천천히 꽃이 아닌 그 무엇
무리진 잎새 바다 속에 잠긴다.

아기샛별

어둠에 싸인 밤하늘
꼭두새벽 일어나 손 흔드는 아기별
엄마 곁에 잠들다 눈을 뜨는가

지붕 위에 내리는 무서리
하얗게 잠들어도
구름 사이 내다보는 깜박이는 아기별

내가 시인이라면

한낮에도 사람들 풀을 밟는 오솔길
스치는 바람결에 나는 향기
내가 만약 시인이라면
그 향기 오롯이 그대에게 전할 걸

새벽마다 들려오는 파도소리 물결소리
창문밖 다가오는 새소리 물소리도
내가 만약 시인이라면
그 소리 바람 실어 그대 곁에 띄울 걸.

김 화 인

이력서
외 4 편

전남 고흥 금산 출생
ACADCI 중독상담학 박사
WAAC 명예문학박사
한국가곡작사가협회 부회장
국제펜클럽한국본부 회원
(사)한국문인협회 정책위원
열린교회 담임목사
도서출판 조은 대표
서울중구문인협회 초대회장
JCI서울수색청년회의소 회장(1999)
시집 : 「길도 물처럼 흘러야 한다(1집)」
「동은 언제 트려나(2집)」

H.P : 010-5243-8146
E-mail : finegim@hanmail.net
100-281 서울특별시 중구 을지로20길 12 405호
(인현동1가, 대성빌딩)

이력서

달팽이가 길그림을 그린다
굵은 길을 그리고
가느다란 길도 그린다

한번 지나간 길은 흔적이 남는다
사연을 가득 싣고 굵은 길로 간다

사연의 흔적은 연고를 만들고
혈연의 씨앗으로 기둥을 세우고
학연으로 견고한 집을 지고
지연으로 아름다운 집을 완성시킨다

평생 가지 못할 길도
그림을 그리기 위해 도전한다
죽는 날까지 그림을 그려야 한다

조국을 사랑하는 충무공

아직도 당신 명성은 서울 거리에 살아 있습니다
핏빛의 바다에서 13척의 배로 승리를 이끌고
마지막 전선에서 채 눈을 감지 못하고
눈물로 써 내려간 당신의 업적은 20전 20승입니다

당신의 가슴에 슬픔이 있어도
당신의 가슴에 분노가 있어도
이 땅에 거대한 촛불이 되어 영원히 남아 있습니다

달은 고요하고 매서운 북풍이 허리를 휘감아 도는 광화문에
슬픔에 겨운 칼이 남해바다의 따뜻한 바람을 일으키고
그대 마음의 꽃씨 하나 가슴에 떨어집니다

그 영혼은 백두를 지나 만주 벌판까지 작은 촛불이 되어
삼천리 강산에 무궁화 꽃을 피우려 널리 퍼집니다
꽃씨가 한라에서 백두를 거쳐 만주 벌판에 꽃을 피우는 날에
서울 중구 충무로 거리에서 사랑하는 그대의 이름을 부르렵니다
당신의 충정이 내 가슴 속에 살아있어 행복합니다

싸리꽃 추억

싸리나무 헤치고
보슬비 내리는 오솔길 거닐면
한 여름 피어나는 홍자색 싸리꽃
옛 추억 그리워 눈물이 납니다.

싸리나무 휘날리는
지금도 오솔길에 보슬비 내리면
소리없이 지는 귀여운 싸리꽃
가는 세월 서러워 눈물이 납니다

싸리꽃시절 그리워
늦여름 도심 속에 단비 내리면
콧노래로 그 시절 그리운 싸리꽃
그 시절 못 잊어 눈물이 납니다

애모

긴머리 어깨 너머 나풀나풀 살랑대며
원피스는 허리를 감고 이어폰은 귀를 막고
사랑한 그님 생각에 한강물을 삼킨다

이슬 같은 땀방울이 얼굴 위를 스쳐가도
흐르는 눈망울은 물고기와 호흡하며
그님의 오는 소리에 발장단을 맞춘다

한강교 그늘 아래 두 손 잡은 뭇여인들
기다린 마음 속에 콩당콩당 심장 뛰니
어느새 다가온 그님 꽃향기에 빠진다

꽃나비

나비가 동그랗게 원 그리며 온 몸으로
고고로 탱고로 지루박으로 춤을 춘다
꽃나비 춤사위 속엔 사랑향기 가득하고

꽃들의 아름다움에 홀려버린 그 마음
이리저리 날게 펴고 온 몸으로 손뼉 친다
벌들이 달려들 와서 춤까지 멈추게 한다

꽃들은 나비들의 춤 솜씨에 흠뻑 젖어
얼굴을 살짝 내밀어 몸 흔들며 손뼉 친다
나비도 힘찬 날갯짓 팔랑팔랑 춤을 춘다

남 민 옥

임진강
외 4 편

경기 가평 출생
1993년 문예사조 신인상 수상
한국문인협회 회원
한국현대시인협회 이사
강동문인협회 이사
카톨릭문인 회원
시문학아카데미 회원
한국가곡작사가협회 회원
선사문학상수상
시집 : 「바람에게 길을 묻다」

H.P : 010-2056-1252
E-mail : nmo-11@hanmail.net
463-718 경기도 성남시 분당구 미금로 251번지
청솔마을 성원아파트 708동 1602호

임진강

바람과 햇살은 자유로웠다

분단의 아픈 사연이
메아리 되어 흐르는 강

떠도는 먹구름은 말이 없고
돌아오지 않는 이름들은
굽이굽이 긴 강줄기가 되었다

멧비둘기 따라가 보는 길
남북이 하나로 이어진
산과 들과 강물의 길

잊지 않고 피어나는 들꽃
꽃빛만 짙어가고 있어

유월은 언제나 명치끝 아픈
습한 강바람이 먼저 안다

보리울의 무궁화

여름날 보리울은 아프게 붉어라
나라 사랑 뜨거운 맘 꽃잎 속에 새기더니
길마다 무궁화 기쁘게 피어나네

조국 잃은 설움이 사무치던 날
동산과 길목에 무궁화 심으며
내 나라 넋을 지키려 한 보리울 사람들

마음 깊이 그 정신 기리어
날마다 나라꽃을 심고 가꾸어서
아름다운 마을 무궁화동산을 이루었네

통일전망대에서

저 강을 건너 북녘 하늘로
노을처럼 붉게 번져가는
분단의 슬픈 그림자를 보았네

조국을 위해 목숨 바치고
산그늘에 고요히 묻혀 있는
젊은 영령의 꿈을 보았네

무심히 흘러가는 강물아
자유로이 오가는 새들아
망향의 노래가 애절하다

바람결에 들려오는 말
애달픈 사연마다 들꽃이 되어
저리도 애잔하게 피어 있었네

철쭉제

산길 가득 그리움 메아리 되어
돌아온 자리
만남처럼 이별처럼 천지가 붉다

말없이 하늘만 보고 가리라
너와의 약속
해마다 더 붉게 되살아나

꽃술 가득 고여 있는
가슴 벅찬 사랑아

네 옆에 서면
슬픈 기억조차 꽃이 되어
군락을 이루는 것을

들길에서

풀숲에서 야생화를 만나면
나도 모르게 허리가 굽혀진다

그 여린 줄기에
꽃피고 지는 일이 아득해서
작은 꽃잎에 담긴 숭고함에
눈 맞추는 순간
꽃도 제 속을 열고 나를 반긴다

들길에서 만나는 세상에
눈과 마음을 씻고
들길에서 배우는 가벼운 삶에
가만히 욕심 하나를 내려놓는다

노 유 섭

디엠지(DMZ) 평화의 나라

외 4 편

光州에서 출생
광주일고
서울대 국어과, 경영학과, 동 대학원 경영학과 졸업
『풀과별』(1973), 『우리문학』(1990)으로 등단,
『한글문학』(1997) 소설 등단
시집 : 『풀잎은 살아서』
『희망의 실타래를 풀고』
『유리바다에 내리는 눈나라』
『아름다운 비명을 위한 칸타타』
『눈꽃으로 내리는 소리』
『햇빛 피리소리에 어깨 겯고』
수필, 단편소설 다수
작시 가곡 찬송가 140여 곡
우리문학상, 한국현대시인상 수상
한국현대시인협회 부이사장
한국문인협회관악지부장 역임
국제펜한국본부 이사 · 기획위원
한국예술가곡연합회 부회장
기독교문인협회 시분과위원장
탐라YLA 교수

H.P : 010-5447-2460
E-mail : nysh21@hanmail.net
151-785 서울 관악구 조원로 2길 13
2동 216호(신림동, 미성A)

디엠지(DMZ) 평화의 나라

디엠지가 바로 여긴데
디엠지 평화의 땅이 바로 여긴데
온갖 꽃과 나무, 새와 곤충이 어우러진
디엠지를 펼치고 펼쳐
백두에 이르도록 한라에 이르도록
펼치고 펼쳐
한겨레 한민족끼리
총도 미사일도 겨누지 않는
디엠지 평화의 나라는 언제 오려나
디엠지가 바로 여긴데
디엠지 평화의 땅이 바로 여긴데
온갖 꽃과 나무, 새와 곤충, 물고기와 산짐승이
더불어 사계절 만들어가는
선하고 아름다운 나라 코리아
대대손손 영광의 빛으로 이어갈 그날은 언제런가
디엠지가 바로 여긴데
한라에 이르도록 백두에 이르도록
디엠지 평화의 나라
동과 서 남과 북이 하나 되어 살아가는 그날은
또 다른 그 아름다운 날은 언제나 오려나

꽃제비

누가 이름 지었나
누가 만들었나
꽃도 제비도 제비꽃도 아름다운데
꽃제비 아름다운 이름을
누가 지었는가
누가 꽃제비를 만들었는가
꽃으로 피어야 할 아이에게
어찌 쓰레기를 먹이고
제비가 되어 날고파도
어찌 철조망으로 가두는가
꽃제비 그 아름다운 이름을
누가 부끄럽게 하는가
누가 꽃제비를
꽃도 제비도 되지 못하게 만드는가
삼천리 화려강산
화려한 꽃으로 피어
제비처럼 디엠지(DMZ)를 날아오를
아름다운 이름 꽃제비의
그 날은 언제런가

열방에 새 빛을 비추소서
– 광복 70주년에 부쳐

나의 조국 대한민국은 선하고 아름다운 나라라
이제는 아무 세력에게든지
그 빛 다시 잃지 않게 하시고
힘 센 나라, 부강한 나라 될 때에도
그 힘 남용 말게 하소서

나의 조국 대한민국은 선하고 아름다운 나라라
이제는 약한 자의 설움 떨치고 일어나
열방에 의義의 빛을 발하게 하소서
눈물 있는 곳에 웃음을
분쟁 있는 곳에 평화를
고통 있는 곳에 치유와 회복을
꽃피우게 하는 나라,
그 빛의 영광 되게 하소서

고요한 아침의 나라,
다시 하나 될 나의 조국 대한민국이여
이제 다시 온갖 사슬 떨치고 일어나
열방에 새 빛을 비추소서
사랑으로, 오직 사랑으로만 쓰임 받아
열방에 새 빛을 비추소서

사랑으로 가는 길

사랑하는 자여
일어나 길을 가자

내 가는 길
알 수 없어도
사랑으로 향해 난 길,
그 길로 가자

나 비록 외롭고 힘들어도
나 비록 괴롭고 곤하여도
사랑으로 가는 길,
다만 그 길로 가자

사랑하는 자여
가는 길,
갈림길 갈림길마다
꽃눈에 맺힌 이슬처럼
새로이 햇살 고운 눈을 뜨고
사랑으로 가는 길,
그 길로 가자
사랑하는 자여

광주역光州驛, 설일雪日의 환상幻想

돌아오고 있네
서울로 가는 완행열차에서 만나
한 생을 살아온 두 사람이
눈 내리는 날
다시 고향역으로 들어서고 있네
그 날의 증기기관차처럼
그 사랑은
길고도 느린 사랑
속잎 깊이 익은 사랑이었어라
한 왕조王朝마냥 오래 묵은 그 사랑을
이제는 완성하려는지
백발이 되어 두 사람은
눈 내리는 고향으로
돌아오고 있어라.

허담 **도 춘 원**

화진포
외 4 편

대광고등학교 졸업
서울교육대학교 국민대학교교육대학원
서울용답초등학교 교장 역임
이슬문학회장 역임
상현문학 고문
한행문학 심사위원장
대한기독교감리회 서울연회 동성교회 장로
웰다잉 전문강사
주례전문인

H.P : 010-2388-2441
E-mail : dcw2441@hanmail.net
서울시 송파구 동남로 24길 6
가락 우창아파트 3동 1205호

화진포

봄맞이 달려간 화진포에는
고요한 호수가 하늘을 품고
은빛 고운 바다에 갈매기 나네

솔숲을 흐르는 솔바람 소리
손에 닿을 듯 접혀오는 해금강 자락
오랜 세월 어제인 듯 변함 없는데

곱지 않은 시선 머문 김일성 별장
등돌린 호숫가엔 이승만 별장
뜨거운 마음마다 옷깃 적시네

산도 내 산이요
바다도 내 바단데
오가는 길 막힌 광복 70년
무심한 바람만 능선을 넘네

내 고운 산하여

저마다 고운 꿈 익어가는 산하에
장엄한 삶들이 곱게 물든다
미래는 꿈꾸는 영혼들의 것
꽃처럼 피고지는 이 땅은
위로 하나님의 사랑이 물같이 흐르는 곳
에돌던 세월이 반만 년
이제 다시금 짙푸른 삶에 고운 꿈 심으리
슬픔의 세월을 딛고 발돋움하는 내 고운 산하여

주홍색 달

주홍색 달 하나
가슴에 간직한 사람은 행복한 사내다

밤길을 걷다가도 달을 본다
달도 나를 본다
맑고 고운 누이의 얼굴이다

주홍색 달 하나
가슴에 간직한 사람은 행복한 사내다

외로운 길 걷다가도 달을 본다
달도 나를 본다
포근하게 감싸오는 엄마의 얼굴이다

주홍색 달 하나
가슴에 간직한 사내는 행복한 사내다

달없이 깜깜한 그믐밤에도
사내 가슴엔 주홍색 달이 뜬다
주홍색 물든 사내 가슴, 그리움을 앓는다

빨래

하얀 옥양목 바지저고리가
잠시 쉬어가는 겨울 틈바귀에서
깃발처럼 날리네요

지나간 추억들
맑고 고운 울 엄마 냄새와 함께
어린 시절 그리움으로 펄펄 날리네요

힘 들어도 힘든 줄 모르고
식구들 뒷바라지만 알던 울 엄마 손
마디마디 성한 곳 하나 없는데

엄마는 다 그런 것이려니
그런 줄만 알았던 철부지 세월도
함께 펄럭이네요

여인의 봄

보아 줄 사람 기대는 마음 열어 보이고 싶기도 하고
일일이 말 못해도 그리움 깊어 꽃 같은 젊음인데
뜻 모를 하얀 웃음 몽실몽실 파란 하늘로 피워 올린다

말없이 피고 지는 그리움이야 누구를 향한 바램일까?
뜻이야 어디에 품든 가슴을 적셔오는 아! 여인의 봄

류 재 영

그대를 영웅이라 부른다

외 4 편

동국대학교 문화예술대학원 문예창작과 졸업
한국음악저작권협회 회원
(빛나라 대한민국, 유채꽃 등 50여 편)
父子 시집 『달빛초가집』 양현 류병열 한시 연구

H.P : 010-3169-6472
E-mail : eyeball888@hanmail.net
http://cafe.daum.net/ryu888(다음 카페 달빛초가집)
463-919 성남시 분당구 수내로 74
양지마을 금호@116동 1604호

그대를 영웅이라 부른다

세상에는 마음이 천사인
보석 같은 사람들이 있다
착한 마음 하나를 심연에 품고
살아가는 사람들이 있다
아무도 가려고 하지 않는
두 갈래 갈림길에서
고개를 옆으로 돌리지 않고
뜨거운 불속으로 뛰어들고
가는 길이 아무리 바빠도
차가운 물속으로 들어간다
마침내 구경꾼들은 박수를 치고
낯선 이웃들도 마주보고 웃으며
고개를 위아래로 끄덕이지만
뉴스 뒤로 사라지는 건 잠시다
그러나 그래서 사람의 마을에는
훈훈한 핏줄이 흐르고
우리는 그대를 의인이라고 부른다
우리는 그대를 영웅이라고 부른다

동호인의 만남

혼자 가는 길은 허전해
혼자 먹는 밥은 맛이 없어
혼자 하는 운동은 힘들어
그래서 벗들과 한 데 모여
두 손을 마주잡고
노래 부르고 마음을 나누면
한결 즐거움이 솟아나네
몸과 마음에 반짝반짝 빛이 나네
날아가는 풍선처럼 발걸음이 가볍네
언제 또다시 만나나
기다려지는 시간 보고 싶은 얼굴들
적당한 긴장과 풀림은
생활에 건강한 활력을 주네
벗들과 한마음으로 어울리며
사랑을 만들어 가네
행복을 쌓아 가네

세림지에서

오솔길을 따라 물가를 돌면
오래된 숲에서는
아름다운 꽃들이 향기로 반긴다
하늘과 땅이 한꺼번에
물속으로 들어간 풍경에
여기가 마치
어디 딴 세상이 아닌가 싶다
잠자리는 나풀나풀 날고
풀벌레는 간간이 정취를 거든다
물비린내 바람에 실려
여기가 바로 하늘이 점지한
물의 나라인 줄은 알겠는데
연못 속 뭉게구름은
어쩌라고 저렇게 손짓을 하는가

눈꽃

하얀 눈이 내리더니
새하얀 꽃이 만발했구나
도화지처럼 사방은 아득한데
바람은 차고 마음은 비좁구나
내가 그리워하는 임을 위해
꽃 꺾어 화병에 꽂아 놓고 싶지만
금세 허무하게 녹아내릴 것 같아
그리워하는 마음만
가슴에 한 아름 품기로 한다

하얀 마음으로 살아가면
새하얀 마음으로 키가 자란다
높은 산에도 하얀 눈이고
낮은 산에도 하얀 눈이다
첫눈은 소복소복 쌓이는데
내가 그리는 임은 어디에 있나
산속은 점점 정처 없는데
그리워하는 마음만
가슴에 한 아름 품기로 한다

밤바다의 노래

하얀 파도에 마음 베이어
하염없이 수평선만 바라본다

어둠이 세상을 덮으면
갈매기 울음소리 더 높아지고

무엇을 얻기 위함인지
거친 파도를 차고 오르는 갈매기

날마다 바람과 맞서
부딪치고 부서지며 살아온 길

아! 바람만 안고 사는 새들아
진실이 푸른 파도란 말인가
진실이 푸른 하늘이란 말인가

류 한 상

아름다운 우리나라
외 4 편

세종시(충남 연기 서면) 출생
한국문인협회 회원(서울시지회 이사)
서울중구문인협회 회장(한국문협 중구지부장)
신학박사, 목회학박사, 목사, 교수
한국찬송가작가협회 이사
한국가곡작사가협회 감사
한국가요작가협회 회원
기독교교회신문 사설 주필
중심교회 담임목사
시집 : 제1집 「10월의 노래」
제2집 「멋진인생」
제3집 「해송」
음반(CD) 복음성가곡 6곡

H.P : 010-9429-9106
E-mail : d9106@naver.com
100-282 서울시 중구 을지로22길 19
201호 (인현동2가)

아름다운 우리나라

아름다운 우리나라 우리 조국 대한민국
백두에서 한라까지 금수강산이로구나
반만 년의 오랜 역사 함께 이룬 우리나라
우리 모두 대한민국 국민들이랍니다

앞으로도 영원토록 이어 나갈 우리 민족
서로 함께 사랑하고 화합하여 이룹시다
나라사랑 민족사랑 서로 도울 우리 국민
함께 돕고 베풀면서 우리나라 가꿉시다

아름다운 우리나라 삼천리 금수강산
철 따라 아름다움 가득하게 채웁시다
아름다운 우리나라 살기 좋은 평화나라
온 민족이 더 멋지게 지켜 나갈 우리나라

그대 향한 내 사랑

내 입 속에 가득한 사랑을 담고 있었답니다
그 사랑을 당신께 주고파 고이 지켰습니다
당신 향한 사랑이 약해질까 봐 감췄습니다
내 입 열면 그 사랑 달아날까 봐 겁이 났어요
그대 향한 내 사랑 영원히 변함없을 겁니다
그대 향한 내 사랑 영원히 변함없을 겁니다

내 입속에 간직한 사랑을 주고 싶었습니다
그 사랑을 당신께 주고파 지켜 왔으니까요
당신 향해 지켜온 그 사랑 모두 주고 싶어요
내 입 열어 말하고 싶은데 가슴 두근거려요
그대 향한 내 사랑 영원히 변함없을 겁니다
그대 향한 내 사랑 영원히 변함없을 겁니다

내 입속에 쌓아둔 사랑을 모두 주겠습니다
당신 향한 내 사랑 혼자서 고이 받아주세요
당신 위해 지켜온 내 사랑 모두 드리옵니다
내 입속에 품어온 내 사랑 모두 바치옵니다
그대 향한 내 사랑 영원히 변함없을 겁니다
그대 향한 내 사랑 영원히 변함없을 겁니다

내 삶에

이제껏 살아온 날들이 소중했다 하지만
앞으로 살아갈 날들은 더욱 소중한 것을
정해진 남은 날 더욱 아껴서 선용 해야지
날마다 복되고 좋은 날들로 감사하면서
내 삶에 보람된 승리 노래를 함께 부르자

어제 와 내 일의 중간에 오늘 있는 것인데
소중한 오늘을 지키라 하는 뜻이겠기에
귀하고 값지게 사용 하라신 의미겠지요
날마다 복되고 좋은 날들로 감사하면서
내 삶에 보람된 승리 노래를 높이 부르자

누구도 내 몫을 대신해 줄 순 없는 것인데
나에게 맡겨진 일들을 이루어 냄으로써
책임과 의무를 잘 감당하여 성공 이루자
날마다 복되고 좋은 날들로 감사하면서
내 삶에 보람된 승리 노래를 크게 부르자

그 언제나

대한 독립 칠십 년의 긴 세월이 흘렀는데도
삼십 육 년 일제시대 아픈 상처는 아직 남았다
남북한의 분단 한은 그 언제나 사라지려나
반만 년의 역사 속에 많은 침탈 당하였어도
끈질기게 지켜 이은 우리나라 아니었던가
단일민족 분단설움 그 언제나 달래지려나

남과 북의 두 나라로 존재할 수 없는 것인데
어찌하여 겨루면서 원수 같이 보고 있는가
철책선아 녹아져라 그 언제나 사라지려나
통일이여 어서 오라 남북통일 속히 오거라
백두에서 한라까지 아름다운 금수강산아
하나 되는 우리나라 그 언제나 오려 하느냐

시가 노래되어

아름다운 마음속 감동들이 시가 되어져서
아름다운 멜로디 오선지에 아로 새겨지고
고운 악기 음률에 아름다운 소리 되어져서
더욱 멋진 즐거운 노래되어 함께 부르노라
시와 음정 멜로디 박자 맞춰 멋진 노래하자
시가 노래되어져 생활 속에 큰 몫 채워 가자

시인들의 노랫말 작곡가의 리듬 박자 되어
고운 노래 즐거운 노래되어 모두 함께 불러
아름다운 세상을 가꿔가는 우리들이 되어
더욱 멋진 우리의 생활 속에 기쁨 이뤄 살자
시와 음정 멜로디 박자 맞춰 멋진 노래하자
시가 노래되어져 생활 속에 큰 몫 채워가자

문 경 남

별
외 2 편

중앙대학교 예술대학원 문예창작 수료
인사동시인들 동인
한국신문예문학회 회원
국제연합회 회원
경의선문학회 편집위원
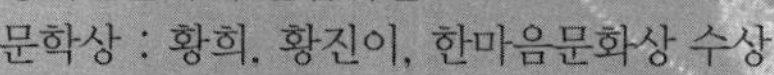
문학상 : 황희, 황진이, 한마음문화상 수상

별

한적한 버스 정류장
누군가 떨어트리고 간
별모양 스티커가 바람에
굴러가고 있다
뜨문뜨문 차들이 도망이라도
치듯 지나가면
어두워진 거리가 별을 어루만진다
상처에 상처를 덧대고 올려다본 하늘
텅 빈 방으로 별이 쏟아지면
넌 그것을 일기장에 감추어 두었지
가끔은 그 별을 꺼낸다
추억에 고름이 나고
진물이 나면
별모양 스티커는 상처위에 붙여진다
사람이 없는 시골 버스역
찢어진 별이 눈물처럼 빛나고 있다

기찻길

바람이 몸을 푸는 밤
뜨거운 열기에 점점 배가 불러오는
기찻길 옆 옥수수 밭,
금방이라도 아이들 뛰어 나올 듯
소란스럽다
한 여름 옥수수는
매미 울음으로 속을 채워나갔다
기차 고함에 훌쩍 큰 아이들
철길 따라 돌아오지 않고
누룩처럼 잘 삭은 하루가
느릿느릿 마을을 걸어 나가면
한 쪽 귀퉁이 떨어져 나간 귀머거리 평상엔
쓸쓸함이 쌓인다
비가 오려나,
욱신거리는 다리를 툭툭 치던 노인
저녁노을 한 다발 뚝 끊어다
가마솥에 불을 때고
눈치 빠른 연기,
모퉁이 도는 기차에 올라탄다

선물

아가야
세상에는 수만 개의 아름다운 풍경이 있단다
어둑한 하늘을 봐
서녘에 가장 먼저 마중 나온 애기별
네가 손짓하는 데로 반짝이지
많은 사람들이 그 빛을 따라 걸어갔단다
세상은 원래 어둡지 않아
작은 두 손을 높이 올려 흔들어 봐
“넌 어디서 왔니”
“빛을 따라서 왔어요”
우주엔 신비로운 음들이 있지
네가 손짓하는 데로
겹겹이 뿌려지는 풍경
울지 마라 아가야
너는 이미 문 앞에 서 있단다
첫 음을 찾아 창문을 열어라
가장 낮은 곳부터
딸랑딸랑 들려오고 있는 저 맑은 소리
아, 가슴을 울리는 소리

박 남 권

꽃등
외 4 편

현대시 등단
한국문학예술 발행인
남산 시낭송 회장
한국문인협회 감사 역임
시집 : 『황진이』 외 3권, 작사 200여 곡

H.P : 010-3766-7700
E-mail : kla7@hanmail.net
100-114 서울 중구 충무로4가 127-6
(3층) 한국문학예술

꽃등
– 남산 시낭송 주제가

봄 사월 꽃 잔치 남산 자락에
손잡은 우리가 꽃등을 거네
새로 오는 봄날 여름 한바탕 춤판이라
아 눈감고 꿈을 열어라
남산 길 남산 시엔 꽃비들이 내린다
남산 길 남산 시엔 꽃비들이 내린다

봄 사월 꽃 잔치 남산 자락에
손잡은 우리가 꽃등을 거네
새로 오는 봄날 여름 한바탕 춤판이라
아 눈감고 꿈을 열어라
남산 길 남산 시엔 꽃비들이 내린다
남산 길 남산 시엔 꽃비들이 내린다

선운산에 눈 내리면

선운산에 눈 내리면 생각나는 길
눈 감은 보조개에 말은 안 해도
서풍에 펄럭이는 가슴 기대며
꼭 한 번 다시 만날 고향 선운산
밤새도록 눈 내리던 님 못 만난 지 그 얼마
이제야 선운산 왔네
선운산을 만난다.

선운산에 눈 내리면 생각나는 길
눈 감은 보조개에 말은 안 해도
서풍에 펄럭이는 가슴 기대며
꼭 한 번 다시 만날 고향 선운산
밤새도록 눈 내리던 님 못 만난 지 그 얼마
이제야 선운산 왔네
선운산을 만난다.

강남역

가세요- 이제 가나요
밤샌 목소리는 안개로 피어난다
밤이 휩쓸어간 거리
기적의 첫 기차
가다가 되돌아봐도
가지 않는 환청으로
가지 않으면서도
가고 마는 절정 속에서
너의 꿈 내 꿈을 하나로 태운다
하나로 태운다

시간의 꽃

카네숀 사세요

꽃을
사려다
멈칫한다

꽃은 무슨 꽃 괜찮다
어머니 목소리
목소리만 남은 어머니

예쁜 학생이 파는
현재의 꽃을 사고 싶었다

지나가는 사람들은 꽃을 사고 있다

꽃물결 덕진공원*

늘 그런 바람이 부는 날
너의 숨소리 들으려 꽃물결 덕진에 간다
그곳에 가면
사랑이 익어가는 물레방아 소리가 난다
연잎에 이슬방울 오월의 환희
기쁨이야 기쁨이야
사랑의 기쁨이야
꽃물결 하얗게 휘돌아 휘돌던
고향의 언덕

오늘 이 순간 덕진의 봄물결로 오네
우리 사랑 영원한 꽃물결로 오네

박 영 만

달 그림자 찾기
외 4 편

한국문인협회 제24 · 25대 이사
국제PEN, 한국소설가협회, 한국수필가협회 회원
저서 : 시집 『始興시편』 등, 英文 및 漢文 시집,
한 · 영 및 한 · 중 대역 시집 등
평론집 : 『우리 얼 지키기』
소설집 : 『長江아리랑』 등 2권,
가사집 : 『시흥아리랑』 기타
수상 : 순수문학 소설 본상, 자유시인협회상
중국연변수필 평론상 등, 시흥예술대상 수상.
음악활동 : 93.11.26 이래 호암아트홀, 예술의 전당,
세종문화회관, 인천문예회관 등 중앙과
지방 공연 참여 100여 회.

H.P : 010-3310-5786
E-mail : choobopk@hanmail.net
429-902 경기 시흥시 은행로 107
305동 302호(대우아파트)

달 그림자 찾기

누가 달 그림자를 보았다 하더냐
동그란 은빛 얼굴 보름달을 보라
평화로이 떠있는 여왕의 웃음
온누리에 빛으로 내리는데

어디 초승달이 그림자 드리우랴
처녀처럼 수줍어 얼른 숨더니
산들이 고개 들어 갸웃거려도
밤하늘에 수많은 별들만 내세우네

이제 달그림자 찾아 나서야지
보슬비 줄기 타고 오르다 보면
차고도 쓸쓸한 홀어미 눈빛 같은
웃음끝머리 맴돌던 그림자 보이리

후나야마 고분
– 백제시 5

담금질 여든 번 휘둘음 예순 번
삼재三才 오묘한 진리 담은 칼
개로왕이 후왕에게 보낸 선물
후나야마 하늘눈 저리 훤한데
왜인들 아니다 아니다 우기나
하늬바람 타고 온 황홀한 백제풍
무덤에서 모른다 눈감지 말고
제대로 꾸짖어 주오 후왕이여

사람 눈 가리고 무덤 문도 닫고
글자를 지워도 백제혼은 또렷해
저것이 어찌 너희들 칼이냐
담금질 소리 아련히 들리리라
구다라 최고야 구다라 최고지
하늬바람 타고 온 황홀한 백제풍
저승에서 그냥 입 다물지 말고
바르게 깨우쳐 주오 개로왕이여

난파진難波津에 가야지

난파진에 가야지, 아득한 수평선 끝에서
구다라 새로운 숨소리 젖어오는 나루터
그곳에선 괭이갈매기 제비갈매기도
큰칼 찬 구다라 어른들 마중 나와
훠얼 훠얼 날며 반긴다네
푸른 파도 덩실덩실 춤춘다네

난파진에 가야지, 게다 신 벗고 달려가
구다라 키 큰 어른들 공손히 맞아들여
무지개빛 백제의 그리움 띄우며
그 많은 책보따리 하나하나 펼쳐
밝은 지혜 티 없는 행실로
구다라 선비 어른 닮아가려네

구다라 귀한 손님 오시는 길
바다 물결 잔잔해지네
서해 뱃길 훤히 열리오네

장하다 백두산아

청룡이 고개 들어 구름 위를 살피고
반만 년 배달 혼 하늘못에 간직해
겨울바람 불곰도 넘보지 못하네
휘감아 오르면서 감싸주는 운무여

드높은 저 기상 한 번 더 보고파라
장하다 장군메야 겨레의 영산아

안개비 지나가니 쌍무지개 나래 펴
지반봉 산기슭에 꽃사슴 울음소리
청노루 어디선가 화초향 몰고 와
사스레나무 아래 춤추며 뛰노네

드높은 저 기상 한 번 더 보고파라
장하다 장군메야 겨레의 영산아

육이오 참전 유공자비
– 은계어린이공원에서

여명을 잊은 돌판 이름들
홀로 우뚝한 기념탑 뒤에
어두운 그림자 드리워도
겨우내 내린 눈 속에서
언제나 탑머리만 우러러
한 송이 연꽃 피워내는
그 애틋한 뜻이여

이리 오오 지나는 손이여
흰눈 내리는 저녁나절에
붉은 놀 향해 기웃거리는
저 돌판 이름들을 보오
부르다 못한 흘러간 노래
한 송이 연꽃 피워내는
그 거룩한 뜻이여

박 영 애

가슴 뛰는 날들

외 4 편

전)아나운서
시낭송가
유네스코 서울협회 부회장
박영애 인형극단 대표
HUMAN I TEC 대표이사
재능 시낭송가협회 전회장
(사)유아놀이 문화진흥회 부회장
풀꽃 아동문학회 회장
크리스찬 문학회 동화분과 위원장
천등문학상

H.P : 010-9041-4217
E-mail : hitpya@hanmail.net
412-220 경기 고양시 덕양구 행신동
대우 코오롱@ 2109동 1401호

가슴 뛰는 날들

알고 있어요
당신 사랑으로 내가 산다는 것을

기억하고 있어요.
내가 힘들어할 때 손잡아주고
앞이 캄캄할 때 가슴에
꿈 씨앗 뿌려 준 것이 당신이었던 것을

받은 사랑 벅차
낮은 곳에서 기쁘게 웃고
작은 곳에서 감사하며

떠오르는 태양을 맞이할 땐
벅차오르는 환희에 가슴 뛰고
노을에 물든 석양을 바라볼 땐
주어진 하루 아름답게 살았음에
두손 모아봅니다.

삶 속에서 배운거

눈감고 가만히 귀기울여보면
들려요.
보여요

오고 있음을

눈뜨려고 하지 마세요.
마음으로 들리고
보이고
향기 맡아지면
되는 거잖아요

만지려고만 하지 마세요.
다 부서지고 만다는 걸
삶 속에서 배웠어요

마음으로 볼 줄 알고
마음으로 느낄 줄 알고
가슴에 담으면
모두 다
갖는 거예요

이제야 알게 된 진실

감탄 소리 안 나오면 늙는 거라고
마음이 새롭지 않은 거라고

아! 좋다. 젊음은!
깔깔거리던
젊음이 나에게도 있었지
바람소리 들리면 행여나
날 찾아 오는 건 아닌가 기웃거리던
찬란한 젊은 날이 있어
축복인 줄 알았지

하지만
그것이 아니라는 걸
이만큼 오고 나서 알게 되었지

푹 곰삭여진 지금이
더 값지고
더 평화롭다는 걸

눈에 보이는 모든 것이
만나는 모든 이가 다 소중해
오늘이
내 삶에서 가장 청춘인 것을

고독 속의 힐링

외롭다하면 너무 가볍고
고독하다 하면 너무 무겁고
그래 그건 그리움인 거야

좀 더 솔직하자

공주 고속터미날 역전 커피숍에 앉아
오랜만에 나와 마주한다

뒤도 돌아보지 않고
치열하게 앞으로만 내달리다가
하늘도 보고
여유롭게 걷는 사람도 무심히 보며
내게 내가 묻는다.
참 좋지?

진한 커피향 맡으며
음악에 맞춰 발가락 까딱거리며
좀처럼 만나기 어려운 나 자신과 보내는
이 시간이
너무 좋아서

또 말을 건다
우리 자주 만나자

바람처럼

그냥 스치기만 해도
안다
지나갔음을

제 하고 싶은 일 다 둘러보고
속맘까지 샅샅이 들여다보고
아닌 듯 미련 두지 않고 갔음을

많은 걸 갖지 않았다고
알아주지 않는다고
보아주지 않는다고
몰라 준다고
섭섭해 하지 말자

바람은 바람은 아주 작은 스침만으로도
모두 알잖아

미련 두지 말고
훌훌 바람처럼 살고 싶다
그래도 모두들 알잖아
그 흔적을

박 영 원

부모님 은혜
외 4 편

1941년 경기도 평택 출생
1992년 시집 「思母曲」 상재
1997년 「문예사조」로 등단
2003년 「월간문학」에 '민조시' 신인상 받음
현재 한국문인협회, 현대시인협회, 우리시회
민조시 회원
시집 : 「세상 사는 법」
「민주별곡」
「엇박자의 조화」
「몽상 피서법」 외
3인 시집 「그날의 인연은」 등이 있음.

H.P : 010-2366-7423
E-mail : parkyw100@hanmail.net
경기 성남시 분당구 수내동 내정로 152
수내동 파크타운 129-1401

부모님 은혜

자식 낳아 기르실 땐 고생도 낙이시라,
온갖 풍상 다 겪어도 오로지 자식 생각.
바람 불면 꺼질세라 금지옥엽 키우시니,
천지신명 아실런가 그 마음 그 사랑을.
부모님 그 사랑 바다 같아라.
부모님 그 은혜 하늘 같아라.

한 평생을 오로지 쏟아온 자식 사랑,
주름이 깊어 가고 허리가 굽어져서
뼈마디가 저려오고 손발이 시려와도
내색도 않으시고 미소로 답하시니,
깊고 깊은 부모 마음 그 누가 헤아리랴.
보모님 그 사랑 하늘 같아라.
부모님 그 은혜 영원하여라.

백목련白木蓮

석가釋迦의 고행인 양
눈보라도 마다 않네.
해탈解脫의 순간마다
벙그는 그 미소는
순결의
가슴앓이 한恨
자비慈悲로 핀 큰사랑.

진달래 시새웠나
부끄럼도 마다 않네.
이차돈의 결백潔白인 양
속살 열어 보이더니
어쩌나,
순결純潔 잃는 그 날엔
피멍으로 흐느끼네.

코스모스

청순한 소녀의 꿈 키워온 연정戀情
해맑은 무지갯빛 미소 지으며
행여나 하는 마음 길섶에 서서
오가는 연인들께 손짓을 하네.

수줍음 상기되어 고운 자태는
임 향한 그리움에 학鶴이 되어
스치는 바람결에 깃을 날리며
다소곳 숙인 아미蛾眉 파르르 떠네.

〈후렴〉
한번쯤 돌아볼까 임을 그리는
당신은 스란치마 가을의 비너스.

매헌찬가梅軒讚歌
–救國의 민족혼

배워야 사느니라 가난을 극복하자
애국애족 일념一念으로 농민운동 이끄시다
풍전등화 구국風前燈火 救國 위해 큰 뜻을 품으시고
부모처자 뒤로 한 채 조국을 떠나신 후
장부출가 생불환 실천궁행丈夫出家 生不還 實踐躬行 보이시니
마지막 남긴 말씀 오늘에 빛납니다.

〈후렴〉
순국殉國의 값진 뜻은 청사靑史에 빛나리니
아~ 매헌, 매헌 영원한 민족혼이여

오로지 조국 위해 젊음을 불사르니
사생취의 살신성인捨生取義 殺身成仁 임의 뜻 거룩토다
짓밟혀도 다시 서는 불굴의 애국충정愛國衷情
백척간두百尺竿頭 조국 운명 구국救國의 초석礎石이라
밤하늘의 달과 별이 제아무리 밝다한들
생사生死를 초월하신 임의 뜻만 하오리까.

겨레의 다짐

화랑의 높은 기상 통일 이뤘듯
웅혼한 민족정기 대대로 이어
통일의 그날까지 굳게 뭉쳐서
동방의 횃불 되어 인류 밝히자

보아라, 동녘하늘 치솟는 태양
온 누리 밝혀주는 그 빛을 받아
겨레여 힘차게 지축을 박차고
동방의 횃불 되어 인류 밝히자

〈후렴〉
늠름한 우리 기상 세상에 펼쳐
인류의 영원한 횃불이 되자

박 원 혜

꽃 상여

외 2 편

시인
1957년 생
2000년도 계간 "믿음의 문학"으로 등단
한국문인협회, 기독교문인협회, 월간 우리시 회원.

H.P : 010-5538-7117
E-mail : poetpeace417@hanmail.net
142-072 서울 강북수 수유동 498-15
한신주택 501호

꽃상여

보소 보소
날 좀 보이소

님이여 님이여
날 두고 가지마소

차마 가시다
돌아오소

시뻘건
갯뻘 되기 전에
돌아오소

가던 배 타고
다시 오소

내 주저앉아 우노니
목 메어 우노니

베네딕도

그가 나를
얼마나 근사하게
쳐다 보던지..

그의 눈빛에 의해서
내가
얼마나 근사해지던지..

서울 거리를
걷다가 문득..

속상한 마음 가라 앉히러 서점에 갑니다

일 마치고 오랜만에 종로에 있는
서점에 들렀어요.

늦은 오후라
한적해서 좋네요 째즈도 깔려 있구요.

난 오늘처럼 속상한 일이 벌어지면
처음엔 흉을 보다가
그 다음엔 슬프다가
그 다음엔 서점으로 가요.

그러면 상한 마음에
모락모락한 저녁밥 짓는 고운 연기가
솟아 올라와요.

박 하 린

가로등을 보며

외 4 편

사)한국문인협회 광진지부 명예회장
사)한국문인협회 60년사 편찬위원
서울시지부역대회장단협의회 부회장
서전시 문학상 수상
신사임당 37회 백일장 수필 장원
한국문화 예술신문사 문학대상
짚신문학상 본상 수상
시집 : 『솔바람 소리』
『겨울 꽃』
『그리운 날』 외 다수

H.P : 010-7154-0137
E-mail : pos9811@hanmail.net
143-868 서울시 광진구 뚝섬로52가길 22 4층

가로등을 보며

그리운 생각에 밤을 보내면
여유 있게 다가오는 가로등

그대 밝은 미소 여운은
내 가슴 희망이 되고

밤바람에 떨리는 옷깃
마음조차 묻히는 스산한 바람

동틀무렵 부끄러운 듯
희미해져가는 가로등처럼

마음속에서조차
희미해지는 그리운 기억

바위와 대화

비바람 속에서 이슬을 먹으며
다듬어온 얼굴인가

슬플 때 슬픔을 넋두리로 늘어놓으면
얼마나 편안한 웃음을 던져 주는가

즐겁고 기쁠 때 춤이라도 추려면
얼마나 듬직한 몸짓으로 행복을 지켜주는가

친구인가 하면 애인이 되고
애인인가 하면 엄마가 되고
신의 말씀을 안겨준다.

사랑의 물결

이별의 노래로 지는 노을

속눈썹 흔들리고 눈물이 고일 때
무지개를 그리는 사랑

가슴 저리도록 바람이 준 상처

노을 한 자락 이마에 떨어질 때
온화하게 새기는 사랑의 물결

그림자 내게로 올 때

희미한 그림자 밟으러 간다
뛰며 걸으며 학교 가던 추억의 길

지난 일들에 리듬을 준다
그림자 내게로 올 때

학교 길엔 진달래 한 아름 드리우고
실개천에서 미역 감던 친구들
누구만큼 나이 들어 보일까

그림자 주인 찾으러 그 곳으로 가는 내 그림자

꽃바람

푸른 신호등 깜박깜박
달음박질하는 꿈과 바람

가슴이 뛰고 눈이 빛날 때
지나가는 꽃바람

함박눈꽃 춤으로 하는 가득
리듬을 탈 때
다시 가슴 가득 넘치는 꽃바람

은담 **배 수 현**

분홍빛 회상
외 4 편

문화예술과아름다운동행연합 회장
농어촌문화체험단장
한국문협중구문인협회 이사
(사)옳고바른마음열의회장
한국가곡작사가협회 이사
(사)태극기선양운동중앙회 자문위원
한국청소년보호연맹중앙연합 회장
대한장애인역도연맹심판
청소년유해환경감시단 사무총장
(사)한국스카우트훈육지도자
(사)한국정보화농업인연합회 사무총장
사회안전지도사
[국회]대한민국파워지식포럼 자문위원
토탈코리아몰/ (주) IT농어업포럼 대표
100人의 生의 美學과 명시 외 다수 공저
가곡작사 : 〈노란리본〉 배수현 작사/유영순 작곡

H.P : 010-3911-1043
E-mail : korea1004@hanmail.net
100-281 서울시 중구 을지로20길 12
405호(인현동1가, 대성빌딩)

분홍빛 회상

붉은 분홍빛 고운 미소 머금고
찾아온 봄의 전령사
분홍빛 회상이여

잡목 뒤엉킨 사이사이 발그레
볼에 물들던 세월 저편에 서 있는
순진한 소녀 같은 꽃이여

진달래 온 산에 피어나면
오신다는 임 기다리는
순진한 소녀 같은 꽃이여
순진한 소녀 같은 꽃이여

새벽 풀 향기

우리는 놓치고 사는 것들이 있다

조금만 더 부지런하고
조금만 더 마음을 주면
자연의 순결한 냄새를
많이 맡을 수 있을 것이다

사람 사이에서도 조금 더
사랑하고 조금 더 이해하면
놓쳤던 소중한 것들이
다시 보이기 시작할 것이다

새벽 풀 향기가 가슴에 진동한다

좋은 기운을 주고받으며
인생길 함께 가노라면 건강한 삶
행복한 삶으로 이어진다

광복절光復節

1945년 8월 15일
빛을 되찾았다
한국이 일본의 강점에서 해방된 날
국권을 피탈 당한 지 36년 만에
잃었던 국권을 되찾았다

이보다 귀한 날이 또 있으리
이보다 귀한 날이 또 있으리
선조가 피를 흘리며 찾은 소중한 나라
대한민국 없으면 우리도 없는 것
애국지사들이 지녔던 불굴의 의지가
우리에게 피를 타고 내려왔다

일본강점기 구국의 일념으로
독립운동을 펼친 애국지사들의
숭고한 정신을 기리자
선열들 앞에 떳떳한 광복국가가 되자

8월 15일 광복절
대한민국 정부수립을 기념하는 날
나라가 얼마나 소중한 것인가
나라 사랑하는 마음 온 국민이 하나로

태극기 드높이며 이날을 경축하세
태극기 드높이며 이날을 경축하세

* 광복 70주년의 해 2015년 8월 15일

백범 김구 선생

임이시여, 임이시여
겨레의 큰 스승이시여
건국의 아버지이시여

대한민국임시정부 주석으로
한평생 조국독립을 위해
헌신하신 임이시여

남한만의 단독정부 수립에
온몸으로 저항하였던 임께선
자신의 생명을 담보로 하는
애국애족 정신을 몸소 실천으로
옮긴 민족 지도자였습니다

분단세력에 대해
민족의 이름으로 질타하던 임은
1949년 6월 26일 안두희의 흉탄에
숨을 거두고야 말았습니다.

그러나 지금도 임의 외침은 들리는 듯합니다.

"나는 통일된 조국을 건설하다가
38선을 베고 쓰러질지언정 일신의

구차한 안일을 취하여 단독정부를
세우는 데는 협력하지 아니하겠다"고 하신
임의 뜨거운 외침이

* 2011년 6월 26일/ 백범 서거 62주기 추모행사

그리움이 머물렀던 제주도

화창한 긴 긴 봄날
순백의 벚꽃 망울 터뜨려
봄소식 흩날리던 길

푸른 바다 등대 불빛 아래
한치의 맛을 음미하며
웃음 짓던 사람들

그때처럼 그렇게 추억 속에
하나 되어 함께 하고 싶다
그리움이 머물렀던 제주도에서
그때처럼 그렇게

성 승 부

유리구슬 친구들
외 3 편

청주교대
고대교육대학원
서울장로회신학대학교
월간「문예사조」등단 시인
국민일보 신앙시 공모 입상
한국가곡작사가협회 부회장
시집 :『옥합을 깨뜨릴 때』
『겨울쉼터이야기-눈이내립니다』

H.P : 010-3710-8906
E-mail : gloria0504@hanmail.net
경기 의왕시 내손동 포일 자일@ 116-201

유리구슬 친구들

장난꾸러기 바람이 놀다 간 자리는
하얀 도화지에 언제나 아무렇게 그려낸
무지개 빛깔 고운 바람의 친구들 마당,
유리구슬 친구들이 땅바닥에 누워
까르르 까르르 웃고 있다.

심술꾸러기 바람이 흙모래를 몰고와
부채 바람개비를 마구마구 돌려도
유리구슬 바람의 친구들은
땅바닥에 누워 하늘을 쳐다보며
까르르 까르르 웃고 있다.

누가 그랬을까, 누가 그랬을까?
여름 낮 해바라기 해님이 그랬을까?
눈 높은 미루나무 꼭대기 칡넝쿨에
손발이 꽁꽁 묶인 심술꾸러기 바람, 내 친구,

장난꾸러기 바람 유리구슬 친구들은
왕풍뎅이를 잡아 땅바닥에 눕혀 놓고,
하늘을 바라보게 모가지를 비틀어 놓고
왕풍뎅이 바람팽이를 자꾸 돌리면서
까르르 까르르 웃고 있다.

사랑의 눈물

성승부

오늘은 어린이날, 창밖에 다가온
초여름 하늘을 쳐다봅니다.
내 어린 시절, 초가집 지붕에 올라가
노래하며 바라보던 하늘이네요.

오늘은 어린이날, 창밖에 서성거리는
내 어릴 때 어머니를 쳐다봅니다.
아 저기 울고 있는 시골교회 풍금소리에
나도 모르게 눈을 감고 노래하네요.

어머니, 이 세상에서 가장 아름다운 것은
사랑의 눈물입니다.
사랑의 눈물이 가장 맑고 깊습니다,
사랑의 눈물이 가장 아름답습니다.

해님이 찍은 판화

해님을 닮아 키가 큰
여름 낮 해바라기가
교실 유리창 밖에서 서성거리며
웃고 있어요

교무실 음악종소리에
큰 느티나무 숲 시원한 바람은
또 한 차례 시작종을 알리고,
한여름 매미 떼들의 울음소리,
2학년 미술시간입니다.

조각도를 모아 놓고 무엇을 그릴까
궁리하는 아이들,
끌칼 밀고 간 자리엔 오솔길,
세모칼 지나간 자리엔 집 한 채,
둥근칼이 놀다간 자리엔 시냇물,
창칼로 쓸어내린 하늘엔 쌍무지개…

교실 바닥에는
고사리 손들이 베어질까 봐
마음 쓴 할아버지 선생님 발걸음이
바쁘게 찍혀 있네요.

분홍빛깔 고운 나팔꽃 넝쿨손도
해님이 주신 햇살 조각도를 만지작거리며
교실 유리창 주변에서
아이들을 바라보고 있네요.

한여름 낮 오후입니다.
해맑은 아이들의 노랫소리가
매미떼가 울다 그친 숲 속 빈자리를
곱게곱게 채우고 있네요.

묵상默想

이젠 숲으로
가자
들바람처럼
달려가자

이젠 숲으로
오라
들새들처럼
날아오라

다시 돌아온
초여름 숲이다
물소리, 새소리,
바람소리,
네가 너무 좋다.

澐海 송 귀 영

갱구坑口 아리랑

외 4 편

중앙일보 시조, 국제신문 시부문 당선, 현대문학 추천
시집 : 『나비의 잠』
『알아 눕는 갯벌』
『마음이 머무는 곳에』
시조집 『호수의 그림자』
『여의도 벚꽃 질라!』 등
현대시선 금상
제3회 월하문학 작품집상
제1회 시조사랑 문학상
제32회 한국시조문학상
국제PEN클럽한국본부 회원
한국문인 협회, 한국시조시인협회 회원
한국시조문학진흥회 이사
한국시조사랑시인협회 부회장
흔맥문학가협회 회장
현대시선문학사 고문

갱구坑口 아리랑

시간의 세공품이 창조로 소생하여
2억 년 뼈의 생성 살점으로 엉켜 있어
분통을 품에 안고 극한점을 짜맞추던
가냘픈 조도의 랜턴 검은 삶을 캐고 있네.

마디 튼 손깍지에 막장 안 눈 먼 삶이
애벌레 속을 돋우며 버거움을 메고 서서
성궁聖宮을 건너가는 펼친 현실 힘에 겨워
몸통 속 시꺼먼 미로 꾸물꾸물 주무르네.

격심가隔心歌

한 때의 쌓인 앙금 미소로 걷어 내고
어둔 밤 가슴 저려 듣지 못할 사연이라도
오해가 할퀸 살점 달빛 훔쳐 꿰어 매면
갈라진 격조隔阻의 틈도 잔 정으로 메운다네.

황량한 한토寒土 위에 던져진 씨앗 한 톨
한 설움 곱살이 끼어 돌아서는 빈 공터에
설한풍 살을 에는 그 아픔을 삭혀가며
나 홀로 싹틔운 고초 깊은 골을 메운다네.

초봄 육자배기

잔설이 반쯤 녹은 늦겨울 끝자락에
콧김은 아직 시려 한기마저 오싹해도
긴 밤을 태질하고서 안락함을 찾아
꽃가지 쓰다듬으며 봄바람이 앞서 부네.

실개천 속살 풀어 물소리 카랑하고
대지는 앞섶 열고 봄맞이로 분주한데
버리고 주저앉아 한없이 흘린 누수에
떠난 임 하마나 올까 서성댐이 조급하네.

비상

오로지 한 곳을 향하여 날아야 하는
나는요 연약한 한 마리 철새
광활한 시간을 견디며 온몸을 던져서
내 그대에게 다가서려는
사랑의 여정을 우리는 기억합니다

그 험한 장도에 힘겨운 날개를 펼치며
나는요 비상해야 하는 철새
삶을 마름질하여 차가운 시간에 쌓여
몸 가누어 그대에게 다가가는
사랑의 여로를 우리는 생각합니다

기다림에 지쳐서

기다리다 안달하여 헤집던 오늘 하루
하기야 인생이란 기다림의 연속이다
마음을 태우고 몸을 태우면서도
기다림에 눈물이 그렁그렁 고이네.

기다리는 안타까움 더 태울 것 없고
세상에 안 흔들리는 것 아무 것도 없다
흔들리는 어금니 깨물며 버둥거려도
몸부림 묶지 못해서 조바심만 쌓이네.

신 계 전

고향 꿈
외 4 편

한국문예학술저작권협회 회원
한국문협저작권 옹호위원
한국팔도시협 사무국장
영남여성문학회 수석부회장
남양주시인협회 감사
양구문학회 부회장
한국가곡작가협회 회원
시집 : 『네가 우는 이 순간만은(1992)』
『이 세상은(1996)』
『시련의 햇살(2012)』
문학상 수상 : 노천명 문학상
농촌 문학상
한맥문학상
한국문학신문 문학상
세계문학상

H.P : 010-9413-9718
E-mail : gjs49@naver.com
강원도 양구군 양구읍 상1리 비봉로46-12

고향 꿈

국사봉 맑은 정기 온 몸으로 받아 안고
힘차고 아름답게 가꾸어 온 나날들이
물결처럼 파도처럼 솟아나는 그리움은
어둠을 털며 날으는 한 마리의 비둘기

밤마다 꿈길마다 내 가슴에 파고들어
못 잊어 애태우는 고향산천 그 모습은
구름 되고 바람 되어 온 세상을 넘나들며
오늘도 꿈길을 따라 나를 품어 흐르네.

내 사는 곳

땅 한 평 없어도
서로가 서로의 땅이 되어
고구마 순처럼 부드럽고
맑은 심성 어우러진 곳

발길마저 설레이는 두타연
배꼽처럼 앙증맞은 한반도 섬
노랑무늬붓꽃, 금강초롱, 해오라기난초가
수줍게 옴츠린 대암산 산마루

한결같은 민족의 숙원 속에
가칠봉 백석산 철책 너머
아들 같은 아들의 굳건한 눈망울이
칠흑의 어둠을 대낮처럼 밝히는 곳

사람 사는 것 같지 않고
사람 사는 것 같은,
되돌려 받은 십년의 젊음으로
천국이 따로 없는
국토 정중앙 살구꽃 피는 마을.

초롱숲

북한강 수락산이 동에서 서로 뻗듯
능내리 내방리는 남북위 삼십칠도
용포자락 스치던 풍양궁 앞뜰마당
충신들의 조아림 살아 있는 대궐터

천마산 묘적산이 중봉으로 우뚝 서고
포석처럼 진을 치는 용암 운악 서리 축령산
백색의 면류관 양지리 향나무는
오백 년을 하루 같이 두 팔 들고 서 있구나

크낙새 소쩍새가 때를 맞춰 노래하고
원앙새 하늘소가 손뼉치며 응답하니
소나무 밤나무 잣나무 참나무는
봉선사 새벽예불 두 손 모아 합장하네

왕숙천 구운천 묵현천 월산천이
터를 돌며 다스리는 정겨운 어깨물결
민족정기 서려 있는 백두대간 한북정맥
이슬 같은 초롱꽃은 산맥의 숨결인가

달팽이

모두 잠든 깊은 밤
쉬임 없는 몸짓으로
우주를 유람하네

불신과 부정의
크나큰 흔적
보잘것없는 네 몸으로
짊어지고
세상의 어둠
부지런한 네 걸음처럼
그렇게 물러가면 오죽 좋으리

겨울이 다 가도록
눈뜨지 못한 우리들의 겨울잠
맑디맑은 네 서기로 깨워
거친 세상 부드럽게, 여린 세상 튼튼하게
풀벌레 이슬왕자
순수의 영혼으로
아침을 열자.

금강산 가는 옛길

좌청룡 우백호가 팔경으로 뻗어내린
그 중에 제일경의 두타연에 들어서면
큰 가슴 내어 달리는 금강산 길 틔였고

말없이 걸어가는 발걸음에 추를 달아
오늘도 사람들은 기를 모아 마음 열고
언제쯤, 멈추지 않을 잰걸음을 꿈꾸며

멀리서 가까이서 당겨보고 밀어봐도
의연한 그 자태로 변함없는 금강산을
다급한 우리네 가슴 달려가서 덮었네.

신 상 철

소 양 강
외 4 편

신 민 철(申旻澈) (본명 신상철)
아 호 : 용천(龍泉)
경주 출생
1991년 4월 〈 문학공간 〉 김경린 김규동 추천 등단
시집 : 『언제 어디서나』 (공저) 외
『그림자가 있는 호수에』
가곡 : 꽃으로 잎으로 외
가요 : 테이블 연가 외
민요 : 사철 아리랑 외
동요 : 가로수 외
한국문인협회 회원
한국음악저작권협회 회원
한국시인연대 회원
한국가곡작사가협회 이사
한국동요보급회 상임이사
관악문인협회 부회장

H.P : 011-9984-4054
E-mail : sschel@hanmail.net
151-829 서울시 관악구 봉천로 261-11

소 양 강

1

소양강댐 산골짝마다 물안개 그림 그리고요
그대와 함께 보던 선창가 낯선 사람 가득하네요
세월이 가면 따라 나서야 할 지난 일이건만은

불러 놓고 붙잡아 놓고 돌아서지 못하는 내가 되어
수면 위 그림자 뒤로 하고 소리치는 폭포 되었네

2

물결마다 일렁이는 그리운 얼굴 흐려지고요
그대와 함께 거닐던 강가 찬바람만 스쳐가네요
언젠가 혼자서 버려야 할 사연들이건만은

불러 놓고 붙잡아 놓고 돌아서지 못하는 내가 되어
수면 위 그림자 안으며 언제나 처녀 동상 되었네.

내 사랑 서울이여

1
어느 곳을 들려 보아도 반가운 모습을 하고
언제까지 있어 보아도 정겨운 자리가 되어
우린 오랜 날을 거듭하며 우정 다지기를 하며
끝 모르는 한강수 고운 그림자 띄우기 거듭하고
저 높은 뜻 남산은 고운 맹세를 지키기로 했지요

2
어느 곳에 발길 멈춰도 가까운 사이를 하고
언제까지 있고픈 마음 포근한 둥지가 되어
우린 오랜 날을 함께하며 사랑이 싹트게 하고
끝 모르는 경복궁 지붕 선에 행복감을 점쳐 보며
저 늠름한 남대문 열고 늘 보고픈 내 사랑 서울이여.

비는 내리고

1
부슬부슬 내리는 비는
하루를 적시어 놓는데
어찌하여 못 오는가 우리 임은
하루를 잊으라 하네

까닭도 없이 내리는 비는
그칠 수도 있으련만

임 떠난 뒤 가슴 속에 오는 비는
언제라도 그치지를 않아
따사로운 기억만을 불러다 놓고
수많은 날을 지켜내는 내가 되었네.

2
시름없이 내리는 비는
하루를 흘러 보내는데
어찌하여 못 보는가 우리 임은
하루를 잊은 듯하네

온종일을 두고 오는 비는
멈출 수도 있으련만

임 떠난 뒤 마음 속에 남긴 비는
언제라도 그치지 않아
정다웠던 시절만을 불러다 놓고
수많은 날을 지켜보는 내가 되었네.

돌고 돌아 부여길

이십 리 물길 낸 궁남지에
꽃들의 수군거림
바람마저 머뭇거리고
하늘을 향한 비상 꿈에
저마다 날갯짓을 하는 연잎

낙화암을 품고 있는 부소산
삼천궁녀들 원혼이 되어
휘감기 거듭하는 백마강
한옥 차림에 유람선은
미끄럼 타기만을 하고

고란사 추녀 끝에
대롱거리는 백제의 수난사
사비궁에 서동왕자
선화공주 사모의 정을 쌓은 듯
삼십팔 미터 능사의 오층 목탑

부스러진 옛 조각품에
못다 이룬 그때 흔적 그려지고
돌고 돌아 다시 찾은
백제의 고도

수많은 관광객들로
수를 놓는 부소산성 안에
다투어 피어나는 연꽃들에
미소 머금은 반란.

백담계곡에서

모가 나도록 무디어진 나의 작은 가슴
청자빛 고운 물로 안기를 수만 년
펴보지도 못한 꿈 웅크린 돌멩이지만

하얀 바닥에 수많은 망상을 그리는 물결
세파에 만고풍상 백 개의 웅덩이를 스치며
정화가 되어 백담 깊은 골에 영생을 그리네

흐려지도록 어지러운 나의 어린 마음
청아한 향기 바람 쓰다듬어 주기를 수만 년
펴 보지도 못한 꿈 냇물에 바닥돌이었지만

스쳐 가기를 수없이 미련을 거두는 물결
세파에 시달린 삶 백 개의 골짜기 들르며
알찬 물길로 백담 깊은 골에 영생을 그리네.

신 영 옥

아리랑 코리아
외 4 편

아호 혜산(惠山)
충북 괴산 출생
시문학 교육학 아동문학 연구
시집 : 『오늘도 나를 부르는 소리』
『흙내음 그 흔적이』
『스스로 깊어지는 강』 외 다수
영한대역시집 : 『산울림 네게로 오다』
가곡작사 : 가을이 오는 소리(김동환 곡).
물보라(김경양 곡)외 다수
공동 CD 제작 60여곡 발표, 교가. 군가 등 작사
한국문인협. 국제 Pen클럽. 한국현대시협.
한국크리스천문학가협. 한국가곡작사가협.
서울시단. 한국여성문학인회. 좋은시 공연회
한국아동문학연구회. 문학의 집 서울. 동작예총.
참여문학. 청하문학. 대림문화원. 시문학아카데미.
민주평화통일자문위원.
탈후반기시동인 회장으로 활동.
가곡 (독창곡. 합창곡. Hi- seoul 페스티벌.
서울정도 600년. 대한민국가곡제.
서울관광명소가곡제 참여.
기독교100주년기념 타임 캡슐 등재.

H.P : 010-7368-3622
E- mail : yoshin39@hanmail.net
156 - 786 서울 동작구 여의 대방로 22길
우성 아파트 17동 201호

아리랑 코리아

아리랑 아리랑 아라리오 아리랑 코리아에 신명이 나네
엄동설한 얼음 풀려 흐르는 물소리 한라에서 백두까지 꽃길이 열리네
금수강산 방방곡곡 새봄이 와서, 삼천리가 꽃길로 하나가 되네
아리랑 아리랑 아라리오
우리들이 가꾼 조국이 아라리오
자자손손 이어갈 우리강토, 어느 누가 우리 앞을 막을 수가 있으랴
기쁨도 슬픔도 함께한 한반도에 아리랑이 절로절로 물결을 이루네
우리말과 우리글로 주고받는 형제여, 형님아 아우야 우리는 하나다
아리랑 아리랑 아라리오 아리랑 코리아가 지구촌을 가꾸네.

아리랑 봄 나비가 춤추며 오네
너울너울 코리아에 춤추며 오네

아리랑 아리랑 아리리오 아리랑 코리아에 아라리가 나네
제주에서 나진까지 비행기로 가고 부산에서 의주까지 철길로 달리네
철새들이 오가는 길에 새봄이 오네, 높은 산 계곡마다 아라리를 놓네
아리랑 아리랑 아리리오
조상님네 가꾼 역사에 아라리오
자자손손 이어가는 우리강토 어느 누가 우리 핏줄을 가를 수가 있으랴
동해물과 백두산을 지켜온 한반도에 아리랑이 절로절로 샘물로 솟네
우리말과 우리글이 세계를 울려 대한민국 꿈나무가 앞장서서 나가네
아리랑 아리랑 아라리오, 아리랑 코리아가 평화로 이끄네

그 산이 거기 있네

둘레길 걷다보니 오름길로 접어드네
바위는 뉘 것이며 나무는 뉘 것인가
절로 뿌려 절로 나니
저절로 푸르른 산
계곡 물 맑은 바람도 산이 되어 피어나네
아~불타는 내 가슴도
저 산에 흘러들어
하늘에 닿는 사랑 그 산이 되어 지고
산아, 산아 푸른 산아 메아리가 사는 산아
하늘에 닿는 사랑 그 산이 거기 있네

* *

오르고 또 오르면 못 오를 리 없다 하네
산이 높다 골이 깊다 그 말이 웬 말인가
벼랑길도 숲속 길도
헤쳐 가며 오르는 산
내가 찾는 그 산이 저기 있어 푸르르네
아~ 불타는 내 가슴이
저 산에 올라서면
하늘에 닿는 평화 그 산이 되어 지고
산아, 산아 푸른 산아 말도 없이 솟은 산아
미움도 사랑 되는 그 산이 거기 있네

살구꽃 피는 마을

내 고향 사계절은 꽃 피는 마을
집집마다 울긋불긋 꽃들이 피고
복숭아꽃 살구꽃 진달래가 필 때에는
벌 나비가 앞장서서 너울너울 춤추고
지나가는 바람도 들렀다 쉬어가요

아~ 아름다워라, 꽃피는 우리 마을 꽃 같은 사람들
푸른 산 맑은 냇물 파란 하늘 흰 구름
얼굴마다 정다움이 넘쳐나는 우리 마을아

* *

밀 보리가 누렇게 익어 가는 첫여름
살구나무 살구도 누렇게 익어 가요
복숭아 떡 살구 단맛이 퍼질 때에는
있다고 나눠 주고 많다고도 더 주는 손
이웃사촌 인정이 여기에서 솟아나요.

아~ 정다워라. 나누는 우리 마을 꽃 같은 사람들
꽃그늘에 사는 사람 꽃처럼 아름다워
사랑으로 살아가는 우리 마을 두레마을아

바다로 가자

끝없이 펼쳐지는 물결의 나라
물 주름 찰랑찰랑 하늘과 노는 낙원
땅 속 물 속 하늘 날개 누구든지 받아주니
이 너른 품안에서 살아감이 즐겁구나.
낮은 들 구부러진 땅 어디든지 찾아들고
바위 벼랑 높이 세워 조각 공원 세워가니
바람도 물결도 물새들도 쉬엄쉬엄
쓰고 짜고 달콤한 삶의 맛을 보라 하네
바다로 가자
가자가자 바다로
외로운 수평선이 물결이 부른다
강물처럼 흘러흘러 바다로 가자
사랑과 생명의 보물창고 바다로
바다로 가자 바다로 시원한 저 바다로

어머니의 강

자식 하나 잘 되기를 빌어 오신 모정
찬바람이 가슴 속에 엉겨 붙는 날에도
나 걸어가는 길 고이 닦아 펼쳐 놓는 사랑
그 길 따라 사랑이 강물 되어 흐르네

(후렴)
아– 아 주름진 그 얼굴에 흐르는 강불
물처럼 살라 하신 어머니 말씀이
오늘도 흘러흘러 바다가 되네

어머니 푸른 꿈이 가꿔 온 세월
해오라기 날아드는 그 여름 냇가
밤새워 별을 세는 고향집 창 너머로
그 길 다라 그리움이 은하수로 흐르네

신 충 훈

변함이 없는 조국
외 4 편

충북 청원 출생
덕수상업고등학교 졸업
총신대학교 영어교육과 및 동 신학대학원 졸업

서울대학교 대학원 문학석사 (M.A.) 및 문학박사(Ph. D.)
Hebrew University of Jerusalem에서 국가장학생으로
수학(OYP과정 수료)
월간 신문예 아동문학 및 시부문 신인상으로 등단
탐미문학상, 박화목문학상 외 다수 문학상 수상
현 한국문인협회 회원
현 국제펜클럽 한국본부회원
현 한국가곡작사가협회 회원
칼빈대학교 강사
안양대학교 겸임교수 역임
현 총신대학교 및 동 신학대학원 강사(24년간 강의)
현 대한예수교장로회 열린교회 교육목사
(유초등부 및 유치부)
저서 및 역서
『논술을 위한 논리 --성경 속 논리 따라잡기--』
『라틴어 입문 사전』 외 다수
동시집 : 『꿈이 있는 나무』
『노래하는 꽃나무』 출간

H.P : 010-2240-6461
E-mail : ch6164@naver.com
인천시 서구 건지로 404
한신휴플러스 아파트 217동 1003호

변함이 없는 조국

멀리 있어도 따뜻하게
맞아주는 햇님과 같이
나무 위에서 사시사철
노래하는 참새와 같이
언제나 함께할 수 있어
고마운 조국 사랑으로
뭉치면 낙원이 된다

누구에게나 촉촉하게
비를 주는 소나기처럼
언제 보아도 하하 호호
웃음 짓는 꽃잎들처럼
누구나 함께 할 수 있어
고마운 조국 신뢰로
뭉치면 낙원이 된다

꿈이 있는 나무

나무는 파란 꿈을 꾸네
가지마다 파란 잎을 피워
세상을 파랗게 물들이네
나무는 향기로운 꿈을 꾸네
꽃향기 잎향기 날리면서
세상에 향기를 전하려 하네
나무는 아름다운 꿈을 꾸네
가지마다 크고 작은 꽃을 피워
세상을 아름답게 만들려 하네.

하늘 나는 연

긴 꼬리 흔들며 하늘을 오른다
이어진 줄 따라
바람을 맞으며
시원스럽게
하늘을 향해 날아 오른다
앞마당에 서 있던
날지 못하는 오리 한 마리
날개를 펴고
부러운 눈길 깜빡이며
하늘 높이 날아오르는 연을 바라본다
푸르른 하늘을 향해 하염없이 바라본다

짝 잃은 기러기

짝 잃은 기러기 둥지를 지킨다
어여쁜 어여쁜 추억이 담긴
소중한 소중한 둥지를 보며
짝 잃은 기러기 외로움 달랜다
짝 잃은 기러기 노래를 한다
외로운 외로운 마음을 담아
더 크게 더 크게 목청을 높여
짝 잃은 기러기 외로움 달랜다
짝 잃은 기러기 날갯짓한다
힘차게 힘차게 창공을 향해
더 높이 더 높이 날아오르며
짝 잃은 기러기 외로움 달랜다

나무의 언어

소리 없이 전해요
바람에 휘날리며
마음에 담아둔
속뜻을 이야기해요
봄에는 꽃향기로
여름에는 잎사귀로
가을에는 열매로
겨울에는 마른 가지가
바람 따라 흔들리며
맞서기도 하면서
봄을 기다리는 마음을
아이들에게 전해요

양 만 규

진달래
외 2 편

국민대 대학원 졸업
〈시조생활〉에 시조 등단
〈순수문학〉에 수필 등단
한국가곡작사가협회 회원
한국시조시인협회 회원
파주문인협회 회장
남대문중학교에서 퇴임
문집 : 『내 인생의 다리를 놓고』
시조집 : 『녹두장군의 춤사위』 등.

H.P : 010-2215-7163
E-mail : sijosarang@korea.com
성북구 길음로 16 레미안 길음3차A 602-1003

진달래

한 가지 꺾으려다 발이 머물러
그대로 그 눈길이 돌아서 갔기
가슴에 한아름인 내 진달래는
지는 해 산 넘으니 노을이어라

하늘 밑 어느 세상 피어 있을까
제 홀로 피고 졌을 애절이었기
그 눈길 연분홍일 내 진달래는
지는 달 산 넘으니 구름 일어라

이대로 그저 그냥 하도 수줍어
견디다 못하여서 달려간 하늘
갈다 만 구름밭에 내 진달래는
지는 별 은하 너머 바람일러라

내 여울淺灘은

돌아서다 둬 굽이 강물도 머지 않아
문설주에 귀를 대면 기별 같은 눈이 오네
가뭇이 그 어디론가 날아가 버릴 해오라비
가뭇이 그 어디론가 사라져 버릴 내 사랑아

언젠가 물어 올린 감물 든 잎새 하나
이승의 모래밭에 눈물자욱 아픔 같은
이밤도 여울이 되어 울음으로 남았겠다
이밤도 여울이 되어 통곡으로 남았겠다

네 빈 자리

하늘이 멀구나 꽃 진 네 빈 자리
구름이 현금玄琴을 돌아 마냥 흘러가듯
흙이라 한줌 남기고 그냥 둥둥 떠갔구나.

아직도 그 무슨 미련이 남아설까
굽이만 돌아가도 뻐꾸기 다시 울어
빈 배가 조금씩 흔들린다 나 하늘만 올려본다.

(후렴)
으으으 으어으어 어으어으 어어어어
으어어 으으어어 으허으허 으으허허

양 영 태

네가 나에게 건넨 꽃은

외 4 편

서울대학교 치과대학교 졸업
서울대학교 신문대학원 졸업
대통령 치과 주치의 및 가족 주치의 역임
청와대 대통령 경호실 치과의사
일본 오사까 대학원 박사취득
미국UCLA치과대학 Visiting scholar역임
현)한국언론학회 정회원
서울글로리아합창단 상임지휘자
자유언론인협회 회장
인터넷타임즈 발행인
정치평론가
음악평론가
정치칼럼니스트
이화여대 임상치의학 대학원 보철과 외래교수
여의도 예치과 대표원장
(치의학사, 의학석사, 문학석사, 음악석사, 치의학박사)

H.P : 010-8724-1497
E-mail : dentimes@chol.com
150-889 서울 영등포구 여의대방로69길 28.
208호(여의도동, 유성빌딩)
(예 치과) 양영태 박사님

네가 나에게 건넨 꽃은

빠알간 석류알 익어가는 그날
두 손 길게 뻗어 너를 안았다.

선한 분홍빛 영롱한 눈망울에
애수의 시린 눈빛은 짙은 회한이 묻어난다.

꽃잎파랭이 몇 장 위로 왱왱 소리 내며 몸 싸움하는 한 쌍의
벌을 보며 용기를 낸다.

너를 깊게 더욱 가까이 바라본다.

자연이 읊조리는 만남과 헤어짐의 아픈 동산에서…

아무도 없는 곳, 아무도 찾지 않는 이곳에서 나는
허공을 바라보며 울먹인다

네가 나에게 건넨 그 꽃의
싸늘한 내음은 내 가슴을 후벼댄다

꿈

지난 밤 내게로 와서
살폿 스쳐간 그 신음소리는
어쩌면 늘 갈망해 오던
파아란 그리움이었다

그것은 내 영혼을
휘벼 파내고 떠나버린 파리한
슬픔의 독백이며 창백한 고독이었다

행여 가슴속 깊이
시퍼어런 멍울을 품속에 안았던
보라빛 아픔이었기를 연민으로 응시한다

고독

그리움은 처절한 외로움의 영광!
격랑 속을 향하여
한없이 떠밀려가는
아픈 사랑의 경련인 것을…

견딜 수 없는
쓰라린 통한을 되뇌이며
짙게 드리워오는 찰나의 고통 속으로
떨어져야 하는 운명의 고독.

오늘도 천 길 절벽 위에서
목놓아 외친다.

고독의 환희여!
고뇌의 영광이여!
찬란한 슬픔이여!

밀물처럼 밀려오는
고독의 심연 따라 홀로
숙명의 여로를 걷는다.

폭풍우

바람이 영혼을 송두리째 흔들고 있다.
폭풍우가 가슴 깊숙이 녹아 있던 그리움의
잔해를 잔인하게 끌어 낸다.

부서져 한줌 되지 않는 사랑의 파편들이
어이타 해체되어 머언 공중 속으로 분해되고
있는가.

폭풍우가 그리움을 휘몰아 또 나를 고뇌의
피안으로 난파 시키려 하는가?

너무 깊이 각인된 그리움의 상흔을
또다시 전번하며
충격 속에 방황해야 하는가?

싸늘한 어둠 속으로 가서
너와 내가 부둥켜 안은 채로
부족한 체온을 섞어야 하는 야성의
눈물이 바다를 이룬다.

조국이여 영원하라!

조국은 나의 영혼이며
우리의 생명을 잉태시킨 불사조이다.

가파른 역사의 능선 따라
휘몰아쳤던 적들의 야수성을
오로지 피땀 흘려 애국심으로
지켜 왔던 대한민국은
이제야 숭고한 조상의 얼을
결코 더럽힐 수는 없다.

목숨 바쳐 지켜왔던 조국의 순결을
위협했던
더러운 반역의 무리들을 이젠 송두리째
무찔러
조국을 위해 내 한 목숨 산화하리라.

강건한 조국의 융성과 번영 속에
우리 모두 나의 조국
대한민국을 찬란한 역사의
반석위에서 영원 불멸케 하고야 말리라.

아! 조국 대한민국이여 그 이름
영원하라!

양 점 숙

화엄사 동백
외 4 편

49년 경기 시흥생
1989년 이리익산 문예 백일장 장원
한국문인협회 익산지부장 가람시조문학회회장 역임
경기대학교 겸임교수 역임
『현대시조 100인선 꽃 그림자는 봄을 안다』
『아버지의 바다』 등.
한국시조시인협회 이사
열린시학회 수석부회장
가람기념사업회 수석부회장 가람시학 주간

H.P : 010-3899-3203
E-mail : sijosarang@korea.com
570-955 익산시 선화로 33길 10.
11동 405호 (남중동 남성맨션)

화엄사 동백

동백꽃을 보려거든
봄눈 속을 걸어오시구려

눈꽃 화관 눌러쓴
보살님 홍안처럼

막막히
기다리는 땅
구례로 오시구려

석등에 불 밝혀
꽃과 눈을 맞읍시다.

지리산 바람도
몸 데워 주저앉으니

목을 맨
풍경도 살아 꽃 위에 내립니다.

허수아비

아직도 나의 가을은
황량한 들을 맴돈다.

사오정이나
오륙도라
불렀던 그들

때로는
가슴을 베는
동검소리에 귀가 운다.

빛바랜 밀짚모자
어깨까지 눌러쓰고

풍장 된 시간만이
어머니의 기도일 때

참새는
바람을 핑계로
깃털 하나 떨군다.

출근길

잠이 깊어도 줄지 않는 등짐의 무게
헌화가 한 자락에 젊음 쉽게 가버리고
먹물 든 허물 들춰본다. 괜스레 조바심치다

핸드폰 빽빽 우는 선잠 깬 뒤꿈치에는
버릇처럼 쏟는 배부른 아내의 헛구역질
비만한 그들의 아침 숙취 풀어 삼킨다.

검은 정장의 행렬 사열을 시작했다
현란한 목줄 콧수건처럼 달아매고
전생에 지은 죄가 무거운 낙타의 눈을 봤다.

겨울

작은 창에 달이 들면
볼 붉은 어린 신부

아랫목 꽃이불 속에
늦은 저녁을 묻어두고

달만큼
차고 흰 성애꽃도 자장가를 듣는다.

몸뚱이 하나로
바람을 질러온 사내

언 손 비비며 찾아든
옥탑방 거울 앞에서
등 기댈
벽조차 없던 아버지의 겨울을 본다.

솜리 연가

반만 년 구비치는 역사의 여울목에서
정화의 불길 사른 천심이 땅을 열고
귀 밝은 하늘의 뜻이 있어 역사는 기침했다

신령한 땅 금마에서 마를 캐던 서동이
서라벌 궁전에서 수놓던 선화를 만나
지혜로 빗어 올린 탑 사랑이여 기원이여

하늘과 땅 사이에 천년 가슴을 열고
골마다 번진 노래 마음과 마음을 이어
위대한 고도를 기리는 부활의 노래여

엄 원 용

한 강
외 4 편

연세대학교
목사, 백석대학교에서 신학박사(Th.D) 학위를 받음.
한국가곡작사가협회, 21세기한국교회음악연구협회
(사) 한국수필가연대 회장 역임.
한국문인협회, 기독교문인협회, 기독교시인협회,
도봉문인협회, 인사동시인들 회원,
시집 : 『연하장』 외 4권
노래시집 : 『거기 강과 산이 있었네』
수필집 : 『뚝배기에 담긴 사상』 외 1권,
종교 서적 : 『하나님은 왜 내 기도에 침묵하실까?』
『기독교와 세계의 종교』
『대조설교란 무엇인가』
『기독교 이야기』
『성숙한 신앙인 아름다운 교회』 외 다수

H.P : 010-8825-1578
E-mail : aumwy@hanmail.net
133-838 서울 성동구 뚝섬로 51
옥수 강변 풍림 아이원 103동 704호

한강

영원히 푸르거라.
우리의 한강이여!
수수만년 흘러가도
변함없이 흐르는
우리의 강 한강이여!

굽이굽이 흘러가는 굴곡마다
민족의 아픔은 서리어
흘러가는 곳마다 우리의 사랑도 있어라

흘러간 역사는 푸른 물결 위에 영원히 잠들고
새 역사는 흐르는 강물 위에 찬란히 빛난다.

굽이굽이 푸른 산하 감돌아 돌아
옥토를 적셔 오던 맑고 고운 강

영원히 푸르거라.
한강이여!
수수만년 흘러도
변함없이 흐르는 우리의 한강이여.

처음으로 쓴 편지

나 처음으로 편지를 쓰네.
나의 안부를 전하고 그대 안부를 물어 보네.
이제는 아득히 먼 옛날 일처럼 되어 버린 일과,
벌써 수십 번 꽃잎이 피고 졌다는 이야기를 쓰네.

사랑하고 미워하는 일이 다 지나고 나면
어쩌면 아주 먼 사소한 일이라고 쓰네.
지나간 세월은 아무것도 아니라고 쓰네.
까마득히 잊어버린 일이라고 쓰네.

나 처음으로 편지를 쓰네.
차마 잊을 수 없는 사람에게 편지를 쓰네.
혼자서 사랑의 편지를 쓰네.

겨레의 노래

사랑의 조국 우리 마음에 거룩하고 아름답게 비추소서.
찬란한 오천 년 역사 위에 민족의 영광이 비쳐오네
진리와 자유 정의가 이 땅 위에 펴져나게 하소서.
반만 년 지녀온 꿈이 겨레의 노래되어 부르게 하소서.

사랑의 조국 우리 가슴에 거룩하고 아름답게 비추소서.
밤 지나 찬란한 새 아침에 민족의 희망이 밝아오네
사랑과 평화 질서가 온 누리에 넘쳐나게 하소서.
반만 년 지녀온 꿈이 겨레의 노래 되어 이루게 하소서.

독 도

저 푸른 바다 위로 우뚝 솟은 독도야
동해의 밝은 빛 한데 모아 맨 처음 열리는 곳
아름다운 바위섬 우리의 독도라네

고기잡이 어부들 잠시 머물러 쉬었다 가고
갈매기 떼 어우러져 춤을 추며 노래하는 곳
아름다운 바위섬 우리의 독도라네

그리움은 물결 따라 밀리어 갔다 밀리어 오고
바람이 불 때마다 이 겨레 항상 지켜 주는 곳
그곳은 고독의 섬 사랑의 독도라네

전우야

이 적막강산에
가끔은 보름달도 떠오리라.
저 눈부신 달빛 아래
찔레꽃 향기 짙게 풍기면
산새들도 와서 울어 주고
죽어 서럽던 마음도
조금은 위로가 되리

어느
이름 모를 산골짜기
외로이 묻혀 있기 60여 년
그 고독마저 이젠 지쳐
숨죽여 숨죽이며
저 아래 남쪽
어딘가에 살아 있을
부모 형제 소식이나 들려올까
스치는 바람결에 귀 기울여 보네.
서러운 바람결에 울어도 보네

윤 연 모

봄바람이 불고 있다고요
외 2 편

한국외국어대학교 및 동 대학원 일본어교육학과,
영어교육학과 졸업
시인, 수필가, 서라벌고등학교 교사(현)
시집 : 『세상을 여는 출구』
『하얀 사랑꽃』
『물고기춤』
수필집 : 『아버지와 피아노 교본』
『내 노래는 아무도 모를 거예요』
『갠지스 강의 여명』
번역서 : 『리고베르타 · 멘츄』
음반 : 윤연모 詩歌曲 제1집 『구름 향기』
황희문화예술상
황금마패문화상
시예술상
서울시교육감상 등 수상

봄바람이 불고 있다고요

미동도 하지 않는 숲 속에서
누군가 나에게 손짓하고 있어요
숲은 어두운데, 숲은 고요한데
가냘프게 흔들리며 빛나는 것이 있어요
나도 모르게 한참 쳐다보다가
그곳을 향해 걸어갔어요
나 혼자만이 눈치챘어요
나는 그가 하는 말을 알고 싶어요

(후렴) 봄, 봄, 봄, 봄바람이 불고 있다고요

미동도 하지 않는 숲 속에서
누군가 나에게 손짓하고 있어요
리기다소나무가 거인처럼
큰 팔을 천천히 흔들고 있어요
나도 모르게 한참 쳐다보다가
그곳을 향해 걸어갔어요
이젠 작은 손을 흔들고 있어요
그 손을 잡아주러 가야겠어요

설야

눈 오는 밤은 너무도 수줍어
숨소리조차 내지 못하는 나무들
엉엉엉 소리 내어 울지 않고
뽀득뽀득 슬픔을 삼키는 소녀
온 세상의 소리 없는 자장가
하늘 아래 고요의 노래
순백의 환희에 포근히 잠든 세상
새벽 세 시에 맑게 깨어 있는 여심

눈 오는 밤은 너무도 수줍어
숨소리조차 내지 못하는 나무들
엉엉엉 소리 내어 울지 않고
뽀득뽀득 슬픔을 삼키는 소녀
온 세상의 소리 없는 자장가
하늘 아래 순백의 노래
눈 오는 밤은 너무도 수줍어
새벽 세 시에 맑게 깨어 있는 여심

카프리 섬에서

푸른 미래를 낙원에 가만히 펼치니
산, 숲, 바다, 꽃도 몸을 뒤척이네
하늘을 우러러 두 날개를 활짝 펼치니
정겨운 바람도 나그네를 위로하여 주네
미남 소나무에 이름 모를 새가 울고
아름다운 노랫소리 구름 속에서 들려오네
새하얀 구름이 로마신화를 연출하네
오~ 카프리, 아름다운 나의 카프리 (후렴)

카프리 바람과 햇볕에 몸을 맡기고
배 갑판에 신문지 한 장 깔고 앉았네
짙푸른 물결에 하얀 물보라가 흩어지고
잉크빛 물결에 방랑의 가슴 벅차오르네
꿈꾸던 자연과 정겨운 대화 나누니
뱃전에 부서지는 하얀 물보라가 웃네
하늘에 핀 꿈의 무지개를 보았네
오~ 카프리, 아름다운 나의 카프리 (후렴)

이 가 인

고 석 정
외 4 편

전)시사음악신문 부사장
전)서울 YMCA어린이위원
전)동요음악협회 부회장

2003년-2012년 시사음악신문〈Let's Go 동요〉연재
2007년 "이혜자의 Let' Go" 동요곡 해설(책) 출간
현)한국문인협회 회원
현)한국예술가곡연합회 작사분과 회원
현)한국소년소녀합창연합회 이사
현)미주동요사랑회 회장
현)미주 IKEN 이사
현)미국 캘리포니아 LA Cahuenga Elementary School Music Taecher
현)L.A. Korean Philharmonic Orchestra 사무총장

(한국가곡작품)
그리움 실은 파도 〈이가인시 임긍수작곡〉
두 손에 담겨진 사랑 〈이가인시 고혜영작곡〉
가려는가 봄은 〈이가인시 송영수작곡〉

전화번호 : 1-213-300-7214
E-mail : bonaalee@hanmail.net
4201 Via Marisol #136 Los Angeles.C.A 90042

고석정*

굽이굽이 흐르는 한 많은 강이런가
가슴 아픈 사연 고개 내밀고
신라의 화려함 자랑하듯
곱게 단장한 몸체를 드러내고 있네

정의에 불타던 임꺽정의 피신처
피할 길 없는 몸 자연석굴에 매어 둔 채
물고기 꺽지로 이 한 몸 변신하여
내일을 기약해 보던 곳

미끄러지듯 우뚝 서 있는 기암절벽
굽이굽이 돌아치는 모퉁이에 쓸쓸히 서서
끝없이 펼쳐지는 바위 베개 삼아
쏟아지는 물소리에 긴긴 잠을 청했으리라

*포천 한탄강

인왕산 둘레길

한양 도성 잇는 내사산 둘레길
굽이도는 좁은 길목엔
발 아래 작은 돌멩이들의 미소
성곽을 올라서는 나무계단
한 걸음 한 걸음 내딛으니
옛 시인의 노래가 들려온다

저만치 보이는 범바위
울퉁불퉁 돌계단
멀리 보이는 남산의 푸른 숲
무지개 다리 걸터앉아
탁 트인 서쪽하늘 손 안에 접어 둔다

무궁화 꽃 만발한 길목 가슴 서려오고
백사실 계곡 숲길을 지나 백석동천 바라보니
발그레 웃고 있는 인왕산
묵묵히 흐르는 세월을 담아 본다

첫 눈 내리는 경희궁

숭정문 앞 너른 뜨락에 서니
서늘한 바람이 코끝을 시려오네.
흔들리는 가지마다 새들 노래하고
서글피 울던 매미들 울음소리
한여름 끝자락이 등 뒤에 숨어든다.

줄지어 늘어선 품계석들의 행렬
수많은 사연 안고
파란만장했던 역사의 뒤안길에서
전각들의 화려한 단청 문향에
무거웠던 마음이 녹아 내린다.

하얀 옷 갈아입은 소나무
첫눈 내리던 그 날의 약속 잊은 채
시린 손끝은 잿빛하늘 바라보며
쓰디쓴 미소로 그대 이름 불러본다.

가랑비의 속삭임

누군가 부르는 소리
들리지 않는데 자꾸 자꾸 들려온다.
꿈을 꾸고 있는지 귀 기울여 봐도
당신의 음성이 들려 오고 있어

바람이 지나가며 장난하고 있나
나뭇잎이 추워서 떨고 있는 소리일까
낙엽 떨어지는 소리일까
하얀 눈이 사르랑 내리는 소리일까

아니야, 구름이 지나가며 뿌려주는 가랑비처럼
살그머니 옷깃 적셔주는 속삭임일 거야
저 멀리서 들려오고 있어
저 멀리서 들려오고 있어

자꾸만 자꾸만

쇠똥구리 말똥구리

쇠똥구리 굴러라 말똥구리 굴러라
굴러라 굴러라 밀고 당기고 굴러라

시커멓게 더럽혀진 그 몸은 언제 씻어낼까
온몸에 배어버린 냄새는 어떻게 씻어낼까
제 몸 꼴도 모르고 굴러가는 인생

온 동네 사람들 손가락질해도
알면서도 모른 채 굴리다 굴리다
한숨 쉬며 맑은 하늘에 쉬어간다

비틀대고 노려보던 쇠똥구리
무섭게 달려들어 팔을 휘젓네
밀어내며 굴리고 걷어차며 굴리다
또르르 푹 패인 웅덩이에 풍덩

쇠똥구리 말똥구리 쳐다보며 소리치네
네 탓이야　네 탓이야

부딪치고 깨지다 하늘 보고 벌러덩

쇠똥구리 말똥구리 쇠똥구리 말똥구리

이 광 녕

그리운 내 고향

외 4 편

아호 : 효봉(曉峯)
문학박사(문예창작교수)
서울교대, 연세대대학원, 한양대 및 세종대대학원
(사)한국시조사랑시인협회 이사장
한국가곡작사가협회 명예회장
세종문학회 고문
강동문인협회 고문
월하시조문학회 전 회장
한국시조시인협회 전 총장 등
저서 : 시집 『당신의 향기 묻어』 외 다수

H.P : 010-5411-6961, 02-3426-6961
E-mail : hyobong2102@hanmail.net
134-070 서울시 강동구 고덕로 210
(명일동 삼익 502동 611호)

그리운 내 고향

황톳길 접어들면 물총새도 반기더니
산조차 돌아앉은 희뿌연 고향 마을
솔바람 진달래꽃은 불러보면 꿈일레라
아– 그리워라 꽃동산, 정겨웁던 그 물소리
마음은 달려가서 고향집에 머무는데
지금은 고운 산하 불러 봐도 대답없네

꽃향기 일렁이던 뒷동산 파란 하늘
꿈이라도 좋겠네 볼 수만 있다면야
여린 손 휘저으며 나직이 불러보면
아– 나부끼는 사랑이여, 내 마음의 고향이여
진달래꽃 향기 따라 추억 속에 달려가니
고운 님 청산마루에 어서 오라 미소 짓네

콩밭타령

해거름도 주워먹고 풋풋함도 주워먹고
콩밭두렁 콩콩 뛰다 콩깍지를 코에 대니
나더러 들풀이란다 콩잎에다 시를 쓴다
에헤야(또는 어화 둥둥) 콩닥콩닥, 콩밭 속에 경사났네.

된 세월아 멈춰주렴 달아나는 저 청산아
추억 속에 콩서리도 서리 맞고 떠났는데
콩밭두렁 알콩달콩 풍년가는 예사로다.
에헤야(어화 둥둥) 벗님네야, 콩 심은 데 콩 난다네.

콩밭매던 아낙네는 어디 가고 여기 없나
콩알은 콩알대로 콩깍지는 깍지대로
콩콩콩콩 뛰는 가슴 님 생각도 여물었네
에헤야(어화 둥둥) 콩닥콩닥, 아라리가~ 나왔네.

억새꽃 연정

넘어질 수 없음은 그리움 때문이야
모진 세월 서러움이 꽃술로 타오른다
그리운 마음일랑 하늘 한 쪽 걸어두고
출렁이는 고운 사랑 눈으로만 말하다가
그리움 홀씨로 번져 그대 품에 안기리다
아 그리워라 그대 모습 잊지 못할 내 님이여

넘어질 수 없음은 그리움 때문이야
바람이 떠밀어도 눈감지만 잊힐리야
메말라 조인 가슴 다발로 타는 연정
갈대처럼 흔들리나 뿌리는 곧고 깊어
고운 정 고인 맛에 산들산들 피어나네
아 그리워라 그대 모습 잊지 못할 내 님이여

강동 아리랑

거친 세상 벗님네야 시름들도 많은데~
동녘빛 산길 따라 푸르름도 좋구나
아리 아리랑 쓰리 쓰리랑 아라리가 났네 ~
아리랑~ 음음음 아라리가– 났네

굽이굽이 아리수야 눈물 사연 많은데~
조상숨결 선사마을엔 역사소리 들리네
아리 아리랑 쓰리 쓰리랑 아라리가 났네 ~ ~
아리랑~ 음음음 아라리가– 났네

모진 세상 탁한 세월 찬바람도 많은데~
꼬불꼬불 청심 따라 그린 웨이 좋구나
아리 아리랑 쓰리 쓰리랑 아라리가 났네 ~ ~
아리랑~ 음음음 아라리가– 났네

해가 뜬다 해가 뜬다 하늘문이 열린다
청솔바람 일자산에 풍류시객 몰리네
아리 아리랑 쓰리 쓰리랑 아라리가 났네 ~ ~
아리랑~ 음음음 아라리가– 났네

산비둘기 우는 뜻은

그리움을 엮는다면 하늘까지 닿으리다
내 어머님 가신 세월 어찌 그리 크신지요
어린 아들 두고 가신 어미 정이 야속하여
산허리 가로질러 저 하늘로 외쳐 보면
핏빛으로 물든 구름 두 팔 벌린 내 어머님
아! 그리워라, 당신 모습 어미 사랑 그리워라

그립다 말을 한들 돌아서면 눈물이요
홀로서기 모진 세월 하늘 보며 살았다오
산비둘기 우는 뜻은 아들 찾는 당신 소리
넘어질라 조심해라 어딜 가나 비는 모정
아! 생전에 멍든 가슴 그 언제나 펴시려나
눈물로 밥 말아 주시던 어미 사랑 그리워라

이 난 오

강화
외 4 편

국제펜클럽한국본부 회원
문인협회 문인저작권옹호위원
마포문인협회 이사
예술시대작가회 회원
청송시인회 이사
한국가곡작사가협회 이사
시집 : 『미완성의 수묵화』

H.P : 011-9966-8584
E-mail : nanho36@hanmail.net
121-785 서울 마포구 월드컵북로 501
상암월드컵파크 9단지 901동 1102호

강화

청초한 코스모스 곱게 채색한 풍경화
풀벌레 뜨겁게 흘린 땀방울이
백두에서 한라까지 터질 듯 영근다
전등사 붉은 여름 아쉬워
감도는 사랑 연잎에 새겨 넣고
스치는 국향에 잠시 돌아본 뒤안길

숱한 역사 말아 쥔 채 무겁던 멍에
새털구름 수놓은 정갈한 연못가
모난 돌이 진주로 닦여 촉촉한 눈길
수초 불러 곱게 빚는 시 한 수
평화 전망대 우뚝 염원의 꿈 등에 지고
뿌리깊은 임진강 저리도 넘실댄다.

대학로

마로니에 가지 내면을 흔드는 바람에
비둘기 함께 싱그러운 정감을 나눈다
다양한 감각을 열어 놓고
퍼내는 맑은 수액 마시며
지혜로운 안목으로 원하는 빛깔 찾아
창조의 거리엔 예술을 자아낸다

늘 새로운 유행이 파도처럼 일렁인다
성숙한 품격의 꿈을 피우며
내지를 수 있는 어제의 목소리들
하나 되어 익어가는 사랑 소중한 오늘과
장엄한 여명 새벽 뚫는 내일에
합창소리 자랑스러운 조국이여.

안동에서

풍류를 담은 선비들의 혼이 살아
씻기는 귀 맑은 선율로
시를 읊다가 도포자락 여며
정중한 마중의 아늑한 서원 작약이 붉다
검버섯 휘어진 소나무 깊은 옹이자국
장렬한 순국 선열들의 숭고한 얼
고독한 태극기 아픈 흔적 숙연한데
눈물로 잉태한 자유 뿌리내려 활짝 피어난다

고운 산하 승화시킨 찬란한 역사여
묶였던 사슬 풀어 그 함성 밀려 오는데
무궁화 향기 그윽한 지례예술촌 뜨락
수련 졸음 쫓는 개구리 합창소리
임하댐 수몰된 향수 불러 구성진 메아리
고즈넉한 달빛을 채우는가
그리움 녹아 흘러 낙동강 맑은 젖줄 따라
손사래 고향 하늘 황금빛 노을 풀어 배웅한다.

경주

곱게 단장한 문학관에
심지 돋아 지켜온 겨레의 소리
천년 맥을 잇는 음악이 향기롭다
문득 돌아온 "동리" "목월"이
모처럼 안식을 취하다가
우리 일행을 버선발로 맞아
밤새도록 들려주는 노래로
갈증을 축여도 자꾸만 허기진다

온기로 수혈받은 대지엔
예비된 생명의 새싹들 꿈틀댄다
잠 깨어난 강물 비취빛 기지개
모진 설한풍 견뎌낸
볼 붉힌 산매화 뭉클 가슴 적신다
발길마다 배어나는 역사의 문화꽃
살아 펄떡거리는 심장 찬연한 광채
경주가 낳은 예술의 뜨거운 혼불이여.

백담사

백담계곡 얼룩바위 휘감은 물줄기
열반 사르던 염주알 빠진 삼매경
고이 접어 장롱 속 간직한 태극기
삼월 하늘 가득 걸리고
시대를 앓던 길 잃은 무명 옷자락
온몸 던져 울컥울컥 토해낸 선혈은
동백꽃보다 더 붉었어라

희끗한 머리카락 서러운 기억들
어제의 아픔으로 오늘이 있기에
불투명한 내일의 안부가 궁금한데
꽃봉오리 뜨거운 떨림으로 쫒기듯
아린 가슴으로 다가온 횃불이여
연둣빛 풀벌레 진화를 예감한 전주곡
빛나는 업적의 여민 옷깃.

이 영 린

독도에 사는 불사조
외 4 편

전국공무원문학협회
해공회
한국문인협회
한국가곡작사가협회 회원
자유문학상 수상

H.P : 010-4733-8587
151-800 관악구 봉천 11동 178-76
우월 하이츠빌라 403호

독도에 사는 불사조

하늘 끝을 날아
날개에 징을 달고
창천에 북치며 춤추는 불사조
하늘을 떠나 어디로 가나
푸른 불길이 절망을 태우는 황홀한 불덩이
해를 찾아서 간다
불타는 불기둥 창파에 박으며
불사신이 사는 성채
허망을 사르는 독도로 간다
독도에 천신이 고요히 잠들어
폭풍이 편안히 쉬는 곳
폭풍의 중심은 한없이 불타고
불사조가 물고 온 열매가 바다로 내려와
푸른 물줄기 속에서 녹나무 햇순이 눈을 뜬다
파랗게 일어나 창파를 달리는 녹나무
죽어도 썩지 않는 녹나무배
죽어도 새싹이 돋아나는 녹나무 돛대의 향기는
암흑을 폭파한다
향기를 물고 하늘 끝으로 사라지는 불사조
녹나무 종자를 물고 오려 한다

보신각 종소리

나를 떠나 자정에 백두산 천지를 울리는 내 마음
나를 떠나 자정에 서해 해적선을 안고 낙원으로 간다
나를 떠나 자정에 동해 유령선을 안고 용궁으로 가는 내 마음
나를 떠나 자정에 은하수 인어를 안고 마라도로 간다
내 마음 따라 비무장 철조망을 걸어가고 싶다
천공에 매달린 천공보다 큰 종을 치며
암흑천지를 산산이 부수는 내 마음같이
날아다니는 가루로 변하여
악마의 몸속을 날아다니며 악심을 폭파하고 싶다
정신은 죽지 않아 육체도 죽지 않아
날개에 은종을 달고 적멸의 노래를 부르는 내 마음같이
산산조각 부서질수록 빛나는 바늘 같이
가루가 되어 한반도 하늘을 날고 싶구나
날면서 서울 하늘에 정지하고
날면서 오대양 하늘에 정지하고 싶구나

행주산성 향나무

우리는 행주치마를 달빛에 빨아
별빛에 헹구어 향나무 가지에 널었다
앞치마에 스민 향나무 향기가 깃발처럼 하늘을 날았다
햇살의 금실 뽑아 행주치마에 장검 두 자루 수놓았다
샛별의 은실 뽑아 은장도를 수놓았다
향나무는 안다 흐르는 물이라도
바다로 흐르는 한강수에 행주치마를
헹구지 않는 우리의 마음을 향나무는 안다
앞치마에 수놓은 장검에
햇살이 글씨를 새긴다
국토 없는 황제여 행주산성 아래 한강수로 오시라
영토 없는 신이여 행주산성 아래 한강 하류로 오시라
날개도 없이 나신에 만국기 휘감고 날아다니는 새들아
향기나는 날개를 달아주겠다
행주산성 향나무 가지로 오라
별처럼 해처럼 빛나는 보검 두자루씩 주겠다
행주산성 향나무 가지로 오라

독도와 하얀 날개

빙하기 파도 끝에서 태어난 외눈박이 독신자여
백두와 한라의 혈맥이
천칠백 만 리 해저 산맥에서 태백의 뿌리로 뻗어나와
그대의 심장에 흘러들었다
빙하기시대 파도가 칠수록 외눈박이 눈에서 새파란 불꽃이 빛난다
해일 폭풍 일어날수록 생생히 살아나는
왕자의 눈물 같은 창해를 안고 청백리의 혼백을 부른다
검푸른 육체 속에서 무구한 정신이
하얀 날개로 변하여 백학을 부르고
백학의 날개 고요히 수평으로 창천에 정지한다
해저 지진에서 잉태한 검은 전신에
무열왕과 해신의 청혈이 흐르고
흐르는 생명은 폭풍을 안고 불사신으로 소생한다
활 활 타올라 암흑을 폭파하는 황홀한 불덩이
화산과 지진을 안고 사는 그 모습 거룩한 성자와 같구나
독신의 불사신 그대처럼 성난 태풍을 안고
자유의 종자를 창천에 뿌린다 녹나무 종자를 창해에 뿌린다

독립공원 측백나무에 사는 새

가출한 새는 어디로 갔을까
너무 작아 눈에 보이지 않는 새야
우는 소리도 작아 귀에 들리지 않는 새야
어디에 있느냐
자나 깨나 바다 바다를 날고 싶다
빛이 없어 캄캄해도 자유가 있어
바다 속을 날아다니고 싶다 하더니
빛이 없어 캄캄해도 자유가 있어
사람 뱃속을 날아다니고 싶다 하더니
5개의 방사형 팔을 가진 바다 불가사리 몸속을 날아다니는 구나

곰의 몸
코끼리의 코
소리 꼬리
범의 다리를 닮아 쇠를 먹고
요사스러운 나쁜 기운을 물리치는 불가사리
불가사리 노래를 부르더니
불가사리 몸 속을 날아다니는 구나
4천 개의 눈 4천 개의 마음을 가진 나도
너를 볼 수가 없구나
4천 개의 귀를 가진 나도 너의 작은 울음소리를 들을 수가 없구나
살아서 목신이 될까

살아서 너를 기다릴까
내 마음을 아는 새야 불가사리 노래를
바람과 함께 부르며 살자

예송 이 한 현

파도
외 4 편

행복 티뷰크 재가복지센터 대표
한국가곡작사가협회 회원

H.P : 010-8078-0411

파도

봄바람이 부는 바닷가 서면
힘차게 힘차게 달려 와서
앞에서 내 앞에서 쓰러지는 파도를
바닷가 갈매기들은 춤으로 환영하지만
무엇을 원하는가
무엇을 바라는가

밤바람이 부는 바닷가 서면
달려 올 듯 달려 올 듯 뒹굴면서
앞에서 내 앞에서 쓰러지는 파도를
짠물 냄새 풍겨 오는 모래를 뿌려 환영하지만
무엇을 사랑하는가
무엇을 갈망하는가

사랑에 대답하소

한라산 정상에 올라
야호 소리치면
메아리로 대답하는데

가까이 있는 우리 임은
사랑한다고 소리쳐도
대답 없는 침묵만 흐르네

노랑 낙엽은 고운 비단길을 만들어
싸악 싸악 장단 맞추고
우리 사랑길 같이 가는데

사랑하는 우리 임아
조용 조용 기다리지만 말고
우리 사랑길 같이 가요

어 머 니

하얀 명주옷 입는 우리 어머니는
어린 자식 등에 업고
사랑을 가르쳐 주시던 하얀 천사
어떠한 손가락이 아프지 않겠니 하시며
갖은 고생 등에 지시면서도 사랑으로
꽃피우고 웃으시며
한 평생 살아 왔네

하얀 한복을 입는 우리 어머니는
아픈 자식 등에 업고 등에 업고
사랑을 사랑을 가르쳐 주시던 하얀 천사
낮이면 밭에 나가 바구니에 목화를 따시고
밤이면 등잔 밑에서 실 꿰어
한 올 한 올 곱게
고운 우리 옷 한평생 만들었네

불효자식 효도 한 번 받아 보지 못하고 떠난
한 많은 이 세상을 어찌 하지 못하고
엄마라고 처음 배운 말 잊지 않았지만
입가에 맴도는 말 어머니 어머니 어머니

담장 장미꽃

화창한 봄날 내 님이 갈 때
꽃잎은 홀로 수채화를 그리고
새는 슬피 울며 가는 님을 따르니
서 있는 내 곁에 담장 장미꽃이
담장 장미꽃이 고이 피어 있었네

화창한 봄에 내 님이 갈 때
꽃잎은 바람 따라 그대 얼굴 그리고
새는 슬피 울며 가는 님을 따르니
서 있는 내 곁에 담장 장미꽃이
담장 장미꽃이 고이 피어 있었네

사랑하는 임이여, 사랑하는 임이여
붉게 타버린 붉게 타버린
담장 장미꽃을 장미꽃을 기억해 주오

메밀꽃의 꿈

우리 님 손을 잡고 메밀밭가에 서면
고운 이슬 뿌린 듯 메밀꽃 피어 있고
앉을까 말까 고추잠자리 서성거리는데
노랑 나비 쉬지 않고 날고 있으면
흔들 흔들 살래살래 메밀꽃 춤을 춘다

우리 님 손을 잡고 집으로 돌아올 때면
반짝이는 달빛을 덮고 메밀꽃은 자고 있고
깨울까 말까 고추잠자리 서성거리는데
밤바람 숨 죽이고 나비들 모여 있으면
조용조용 가만가만 메밀꽃 꿈을 꾼다

임 경 희

의림지 호수
외 4 편

사단법인 한국문화예술유권자총연맹 이사
한국인성교육중앙회 문화예술위원장
월간 한울문학 시 부문 등단
한울문학언론인문인협회 회원
한국동요협회 회원
한국가곡작사가협회 회원
박경리토지문학회 회원

2014년, 제1회 〈순우리말 글짓기 전국 공모전〉 은상 수상
한울문학상 수상(서울)
제7회 소백산 텃고을 세시풍속 한마당 축시 작시 및 낭송
현)경희음악학원장

가곡작사 : 꿈길 따라 오는 밤 외 다수
찬양곡 : 존귀한 주의 자녀 외 다수
동요 : 아름다운 이 세상 외 다수
트롯트 : 착각은 자유야
발라드 : 하얀 후회

H.P : 010-3022-9000
E-mail : 28na28@hanmail.net
충북 제천시 고암동 부강APT 101동 404호

의림지 호수

용두산 맑은 정기 가득 담은 물이
흘러내린 개울물은 아름다운
호수가 되어 손짓하며 부른다
뜨겁게 쏘아대던 햇살이 잠들고
밤하늘에 총총히 모여 있던
아롱별들이 내려 앉는다
아스라히 달빛 호수에
새소리 물소리 바람소리
시름소리마저 쉬어 가라 한다
적막이 삼켜버린 숱한 소리들이
새록새록 자장가 되고 호수의 밤은
그렇게 깊어간다

축복의 땅 풍기

산자수명 소백산의 풍광이 발 아래 펼쳐질 새
살피땅 어울림 소리는 벼락바람 매운바람 잠재운다
엄동혹한에도 붉은 동백의 향기를 피어내듯
서로의 가슴에 잇대어 사랑이 용오름친다

하늘이 주신 축복의 땅 감사의 땅에서
풍요로운 수확의 기쁨은 더끔더끔 충만하다
기나긴 전통 이어가며 애국 애향심을 초석 삼아주신
선비들의 영혼이 편히 영면하시어 후손을 거두신다

(후렴)
비로봉 연화봉 도솔봉 묘적봉의 위엄 있는 자태는
작은 햇살 반짝 비나리 되어 명주바람보다 따뜻하게
풍기인들 가슴에 내려 앉는다

※우리말 뜻
- 살피 : 땅의 경계
- 벼락바람 : 갑자기 휘몰아치는 바람
- 매운바람 : 살을 에는듯이 몹시 차가운 바람
- 더끔더끔 : 그 위에 더하고 더하는 모습
- 용오름 : 강한 바람의 소용돌이
- 비나리 : 행복을 비는 말
- 명주바람 : 보드랍고 화창한 바람

낙조落照

청초 우거진 호수에 내려앉은 낙조여
사그락 사그락대는 홍송 소리
목청 돋우어 울어대는 까마귀
너울너울 잔물결 춤사위여

소나무 등걸 걸터앉아 노송 그늘 드리우네
떠나는 님 내음마저 불타는 노을 속에 흐드러지네
어둑 밤은 소리도 없이 내리니 깊은 시름만이
호숫가를 맴돌며 아쉬움으로 뒤돌아 보네
골 깊은 고빗길 편히 가시게나

민들레 홀씨

봄바람 타고
정처 없이 떠나는
기나긴 여정
그 끝은 어디인가
머물 곳 없이
미풍에 밀려와
살랑살랑 흔들리는
춤사위도 슬퍼라.

바람 따라서
나그네 길 나서는
기나긴 여정
그 끝은 어디인가
샛바람 하늬바람
덧없이 밀려와
흰 여울가 노니는
춤사위도 애달퍼라

달빛 연가

어스름 드리운 창가에 서면
그대 달님 되어 나를 반기네
달빛 창가에 서서 그대가 부르던
사랑노래 생각하니 그리움이 더해 가네

그리움 가득한 달빛 창가에
그대 그림자 내 영혼 흔드네
사랑노래 들으며 품에 안기었던
밤은 또 다시 허상으로 기울어 가네

(후렴)
이 넓은 세상 나 홀로 남겨 두고
가신 님이시여 그대를 잊으려 해도
속절없이 눈물만이 흐르네

임 승 대

목련이 필 때면
외 4 편

2012년 대한문학세계 시로 데뷔
여울목 동인
박경리 토지문학회 회원
대한문인협회 회원
한울문학상 수상
현 구로구청 주택과 공공관리팀장

목련이 필 때면

하얀 학이 내려 앉은 듯
백로떼가 날개를 펴는 듯
바람결에 흔들흔들
창공을 향해 비상할 태세로다
아~ 아~ 그 고귀한 그 자태
내 마음에 닿아 힘을 주네

이른 아침 출근 길
산새들 날아와
봄의 향연을 펼치며
소리 내어 오케스트라 연주에
합류하고 있도다
아~ 아~ 그 고귀한 합주
내 마음에 닿아 감동을 주네

목련이 피는 이맘 때면
언제나 떠오르는 그 모습
자상하고 인정 많으신 어머니 얼굴
목련꽃에 머물러 있도다
아~ 아~ 그 인자하신 모습
내 마음에 닿아 나를 울리네

봄비 내리네

황사바람 미세먼지
도심 하늘에 수를 놓더니
검은 구름속에 들어가
무리지어 즐기며 노닐다
봄비 되어 내리네

주르륵~ 주르륵~
흘러내리는 봄비에
대지 위 꽃과 나무들
새 옷 입을 설레임에
잎을 흔들어 반기네

근심걱정 내일을 향한
나의 온갖 생각들
내 복잡한 머릿속은
흐르는 봄비 속에
지워져만 가고

생명의 신비를 간직한
땅위의 초록빛 새싹들
나뭇가지 위에서
세상을 바라보는 눈빛
흐르는 봄비에
희망 실어 보내네

참 새

그날의 총성이 멎은 지
백여 년이 지났건마는
안중근 공원에 서 있는 동상은
일제침략의 원흉을 향하여
총을 쏘고 있는 모습은
금방이라도 뛰쳐나와
태극기를 흔들며
대한독립만세의 함성을
힘차게 부를 것만 같도다

무더운 여름철 무성하게
자라난 풀과 잔디를
곱게 잘라낸 곳에
파르르 ~륵 파르르 ~륵
참새떼가 몰려 다니며
먹이 찾기에 분주하도다

도심 생활에서 참새떼를
보는 일이 쉽지는 않지만
안중근 공원에서는
자유를 만끽하는 참새들이
평화의 나무에 올라 앉아

감사의 노래를 부르고 있다

아~ 아~ 올해 광복 70주년
공원을 찾은 사람들에게
그날의 위대한 모습을
대한건아의 용맹함과
세계만방에 떨쳤던 음성을
다시금 들려 주소서

보 리 밭

잔잔한 바닷바람
초록물결 넘실넘실
춤을 추는 보리밭

고향을 찾은 반가움과 함께
어머님 품안이 떠오르며
내 마음 평화가 찾아드네

광활한 김제평야 보리밭 넘어
새만금 방조제가 보이고
꿈을 실은 고깃배
한 폭의 수채화 그림 같고

지평선 넘어 저 멀리
아지랑이 피어올라
내 마음 향수에 젖어드네

가난했던 보릿고개 시절
설익은 보리이삭을 꺾어
들불에 구워 두손 호호 불며
비벼 먹던 청보리삭

구수한 내음새에
시간 가는 줄 모르고
저녁노을 질 때까지
뛰놀던 꿈 많은 어린 시절

아~ 그리워라
아~ 보고파라
정겨운 그 시절
다시 돌아갈 순 없을까
보리피리 불며 함께 걷던
어깨동무 친구들
지금쯤 무엇을 하고 있을까
그리움이 내 머리에 스치네

달 밤

집으로 가는 길
아파트 단지 안을
환하게 비추는 달이
오늘 따라 유난히도
선명하게 보이고

아파트 단지 안을 오가는
고양이 한 마리
몇 걸음 옮기더니
아파트 입구에 앉아
사색에 잠기네

둥근 박처럼 자라난
보름달을 바라보니
고향 들녘과 뒷동산이
달빛에 그리움으로 다가오고

내 마음은 어느덧
친구와 손을 맞잡고
동네 앞을 걷고 있을 즈음
높이 떠있는 달님이
나를 지켜보며 미소짓고 있네

장 미 숙(초원)

잊으면 아니 되리

외 4 편

시인, 작사가
한국문인협회 회원
한국가곡작사가협회 부회장
문예사조 문학상 수상
에피포도(미국) 문학상 수상
시집 : 『목마른 낙타』
『나비의 눈으로』
『다가가기』 외..
시가곡집 : 『노을이 탄다』
발표가곡 : 첫눈 오는 밤, 사과꽃 향기
산새와 나는 외 다수

H.P : 010-3748-1261
E-mail : rose3990@hanmail.net
450-804 경기도 평택시 신한1길 3

잊으면 아니 되리

잊으면 아니 되리
잊어서는 아니 되리
우리의 오늘이 어느 시간을 딛고
울며 웃으며 여기까지 달려왔는지
잊으면 아니 되리
잊어서는 아니 되리
별빛도 달빛도 숨어서 내다보던
삼십육 년 기나긴 그 어둠에서
찬란한 태양을 향하여 뛰어나온 태극기
삼천리를 휘어감은 우리 광복의 기쁨을
잊으면 아니 되리
잊어서는 아니 되리.

무궁화 활짝 피었네

무궁화 활짝 피었네
거리마다 동산마다
무궁화 활짝 피었네
백두에서 한라까지
겨레의 소망을 담아
날마다 새로새로 피어나는 꽃
가슴 태운 고난의 시간
화심 깊이 태양을 안고
새날에 밝아오는 희망으로
또다시 화사하게 피어나는 꽃
무궁화 활짝 피었네
무궁화 활짝 피었네

조각보

자투리 조각 천을 모아서
한 땀 한 땀 바느질하는 여인
돋보기 너머 기억을 더듬어
온 힘 다하여 살아온
시간의 조각들을 이어가는 여인
우울하던 회색빛 헝겊에
꽃무늬 조각을 붙여놓고
군청색 무거운 바탕에
분홍물방울 조각 이어놓으니
화사한 희망 보자기
어울릴 것 같지 않던 작은 조각들
모여 모여 알록달록 어우르는
사랑의 조각보
흩어진 가족 이제는 함께 살고픈
간절한 소망의 기도
아프게 살아 온 지난날을
밤 깊도록 바느질하는 여인.

숲속에서 크는 사랑

사랑하는 사람에게서 잊혀지는 건
얼마나 얼마나 슬픈 일인가
물소리 바람소리 어우르는 숲길
자작나무의 따스하던 포옹
그 아련한 숲속에서 더욱 크는 사랑아
그날 사랑의 기억이 아프게 남아
흐느끼며 쿨럭쿨럭 흐르는 계곡물
몸살하는 가슴 속을 쓸어내린다
사랑하는 사람에게서 지워지는 건
두고두고 아리고 아린 아픔이다
사랑하는 사람을 털어내는 건
더 더욱 쓰리고 쓰린 아픔이다
사랑하는 사람과의 이별 후에는
아리 아리 쓰리 쓰리
아리고 쓰린 가슴을 견디어내며
그 아련한 숲속에서 더욱 크는 사랑아.

풀잎에 앉은 별

하루를 더 살아내고
햇빛과 바람에 시달린 풀밭에
그윽한 어둠이 밀려오면
기다리던 별들은
먼 길 마다 않고 내려와
기진한 풀잎을 달래주지
그대가 있는 곳에 항상 내가 있다네
별들의 위로를 받으며
어쩌면 우리는 풀잎이지

산들산들 바람이랑
밤새워 풀잎을 어루만져 주다
별들은 하늘로 돌아가도
풀잎 위 별자리는
송글송글 이슬방울로
새아침 햇살에 반짝이지
그대가 있는 곳에 항상 내가 있다네
별들의 사랑을 받으며
어쩌면 우리는 이슬이지

장 후 용

여문 꽃씨 하나
외 4 편

Adjunct Professor of Addiction Studies. Dr. Hu.Young. Jang. Propesoner of ACADC Korea. RAS-MCDAAC.
한국약물예방교육개발원 원장
송파구보건환경발전위원
(주)한국상담문화원 원장
KMTA매체심리치료학회 이사
한국문인협회 정회원
세계환경문인협회 이사
중구문협 이사
저서 : 『산울림을 듣지 못한 사람들은..』
『아픔은 사랑을 일으켜 세우며』
『어머니의 보리피리』
『눈물바람 기쁜 우리영혼』
『별아! 내 가슴아!』
『바람이 철꽃을 피우다』
『약물중독의 심리생리학적 이해』
『학교폭력약물예방상담과정』 외 다수

H.P : 010-8819-0191
E-mail : eirene2004@hanmail.net
158-055 서울시 양천구 목동
현대월드타워 1108호

여문 꽃씨 하나

고운님 품을 떠난 꽃씨 하나
안개바람에 실려 아득히 멀어져 간다
그 품에 영글었던 사연 가슴 고이 간직한 채
꽃샘바람에 숨죽이며 아프게 떠나간다

시린始隣가슴 펴 올려 대代를 이어
칠색 고운 꽃잎으로 피워 낼
여문 꽃씨 하나 떠나간다

오직 한 사랑
그대 가슴에 별이 되어
다시 또 영롱하게 설레려
이별離別되어 흘러간다

* 시린(始隣) : 처음 이웃.
* 이별(離別) : 떼어 나눔.

희망 풀각시

봄바람에 이끌려 간 들판
논두렁서 마주친 그리운 눈빛 하나

쪽빛 치맛자락 펄럭이듯
귓전에 들려오는 초록빛 연가

쿵덕거리는 마음 끌어안고
살포시 눈 감으면

가슴엔 노란 개나리
양 볼은 분홍 진달래

수줍어 말 못하고
홀로 애태우는 사이

봄 처녀 그리운 연정
앞산 철쭉으로 빨갛게 물들었네.

상춘 열차

들리는가, 아득한 곳에서
춥고 응달진 기슭을 지나
파란 솔바람 일렁이며
힘차게 달리던 그 소리

복숭아꽃 살구꽃 분홍 진달래
철길 따라 온 산 간질이며
한바탕 꽃비 뿌려
수줍은 두 볼만
물들여 놓고

아쉬운 기적소리 남긴 채
멀리 모퉁이 돌아
아스라이 사라지던
그 소리

아직도 그대
귓전에 들리는가

꽃망울

아무도 모르던 날에
바람에 부대껴
망울지던 신음소리
이제야 터져 나올 줄이야

되돌릴 수 없는 시간
소쩍새 울음소리 따라
이토록 아프게
가슴을 후비어
피어날 줄이야

바람과 함께 지나다

바람을 만나러 들판을 나섰다
내게 머무르는 바람에 감미로움
흠~ 흠~ 흠~흠

스치는 바람은 다가오는 건지
멀어지는 건지 분명치는 않아도
내게 머무는 바람이 그처럼 감미롭긴 처음이야

멍한 흐려짐 사이로 안개비가 내려요
어질어질 빗줄기 사이를 지나는 바람이 좋아요
내가 슬프게 살 때도 그랬고 비로소 벗어나려는
절망의 한 끝에서도 바람은 나를 비켜가지 않으려나 봐요

말이 없어도 그냥 반가운 바람
지금 무언가 달라지지 않더라도
약속 없이 머무는 세월만큼
아픔으로 춤추는 어디서도

아무 것도 이기지 못한 풍경처럼 그냥,
그냥 그렇게 바람과 함께 지나고 싶다
바람과 함께 지나고 싶다

전 산 우

동백꽃에게
외 4 편

강원 인제 출생. 산악문예지 『詩山』 명예회장
한국문인협회, 한국음악저작권협회 회원
한국가곡작사가협회 부회장
시집 : 『깊은 밤이 거기 서 있지만』
『내 영혼 속의 풍향계』
『바람의 입술』
3인 시집 『숲 詩人, 오늘은 어느 山인가』
전자책 시집 : 『웃음의 배후』
교양서 : 『한 눈에 쏙쏙 띄어쓰기』
단편소설 : 「페어웰 싱글」, 평론 등 다수 발표
발표 가곡 : 〈코스모스 그리움〉, 〈꽃 바보〉 외 다수
제1회 〈시산문학상〉 대상 수상
베트남전 참전 국가유공자

H.P : 010-6648-1232
E-mail : 76jeonsy@hanmail.net
인천광역시 부평구 마장로 13(십정동)

동백꽃에게

멈추지 마세요
언 땅을 녹이는 그대의 웃음을
눈과 눈 깊숙이 웃음을 나누면
우리들 마음엔 날개가 달립니다
지금은 겨우 한 모금 웃음이지만
산길에서 내려가면
소문처럼 널리 퍼져 나갑니다
바람이 스쳐도 웃고
눈비가 뿌려도 웃으세요
태양은 오늘도 산을 깨우며
둥근 얼굴로 옵니다
땅속의 꽃씨들도
웃음을 마련하고 있고
벗을 찾는 것도
환한 얼굴이 그리운 때문입니다
사랑도 연분홍 웃음으로 옵니다

민둥산 억새

억새여, 무리여, 은빛 춤이여
맨몸으로 살아가는 긴 날들이여
풀꽃은 흔들흔들 피어나고
사랑은 출렁출렁 정이 든다네
어쩌면 이 세상은
풀잎처럼 넘어지고
풀잎처럼 일어서는 것
그렇게 넘어지면
툭툭 털고 일어나서
쓱쓱 문지르고 걸어가는 것
그러면 그러면
이상하게도 신기하게도
오늘은 아프고 슬픈 것들이
내일은 그리운 장면으로 되살아난다네
억새여, 무리여, 은빛 춤이여
풀꽃은 흔들흔들 피어나고
사랑은 출렁출렁 정이 든다네
풀꽃은 흔들흔들 피어나고
사랑은 출렁출렁 정이 든다네

설악산 가는 길은

설악산 가는 길은 소양강 물길 따라가면 절경인데
세월처럼 흐르는 물줄기는 하늘에 해가 뜬 날이나
구름 들어 어두운 날이나 거침없이 떠내려가고
곳곳마다 샛강을 받아주며 마을로 가는 물길 열어주며
청청한 산 기운 우려내 점점 큰 물살로 흐르는데
거슬러 거슬러 오르다 보면 이 땅의 수많은 어머니처럼
집집마다 밥물 안치고 고단한 발목 적셔 주면서
힘차게 힘차게 흘러가는데 산새와 짐승과 나무와 풀들이
어깨춤 들썩들썩 반길 터이니 시린 강물에 손을 넣고
아련한 꽃바람으로 숨을 쉬고 사방을 둘러보노라면
어느 하늘 아래 이보다 멋진 산이 우뚝 서 있고
어느 들판 위에 이보다 유장한 강이 있을 건지
마냥 가슴이 뿌듯하여 절로 큰절을 하고 싶을 것이네

성에꽃

밤새 창 밖이 수상하더니
네가 왔구나
도마뱀 꼬리처럼
찹쌀떡을 외치던 목소리 멈추더니
늘 그랬지
아름다운 것들은
모두 다 가파른 벼랑 끝에
조롱조롱 매달려 있었지
밤새 뒤척이게 하더니
네가 왔구나
넓은 들 미루나무처럼
밤새 외롭더니
늘 그랬었지
아무리 조그만 꽃망울도
그냥 오는 게 아니고
다 그만그만한 이야기를
입술에 물고 있었지
하나 하나의 꽃잎은
모두 차곡차곡한 가슴이었지

시산詩山의 노래

흰 구름 걸려 있는 능선에는
해와 달이 떠오르고 별들이 총총
우러르면 드높고 아득한 산길에는
연지곤지 마중 나온 들꽃이 호호
산을 넘는 가슴마다 눈을 맞춘다

비바람 넘나드는 산줄기에는
긴긴 세월 이어 내린 전설이 있고
하늘과 땅이 만든 울창한 숲에는
멍든 마음 쓰다듬는 손길이 있어
지나가는 발길마다 힘이 솟는다

청산이 부른다 노래하자 청산을
흥에 겨워 시를 지어 흥얼거리면
산새들도 지저귀며 날아오른다
발걸음도 가벼웁게 산길을 가며
삼천리 강산 푸르거라 노래 부르자

전 석 홍

남산은 지금 불바다
외 4 편

전남 영암 출생
서울대학교 문리과대학 정치학과 졸업
전라남도 도지사 역임
'시와시학' 으로 등단
시집 : 『내 이름과 수작을 걸다』
『시간 고속열차를 타고』 등

남산은 지금 불바다

백두대간 산줄기를 타고
북한산을 불태우며 번져오는 불폭풍
서울 봉홧불 활활 태우고 있네

나무줄기 봉대에 켜는 이파리 불꽃, 불의 군단
장안 골골 빨갛게 물들이네
시멘트집 까치집 모두 발뜨게 하네

연기 자욱 불 끄는 이 하나 없네
물을 뿜는 소방차도 소방관도
소방헬기 그림자도 어른거리지 않네

불길 토네이도 속에 사람들 빨려 들고
두 팔 맘껏 뻗어 막힌 가슴에 불을 밝히네
시간 강물에 출렁이며 모두 함께 도도히 흘러가네

여의도 벚꽃길을 걸으며

대궐문 활짝 열고 '어서 오라' 손짓한다
여의도 벚나무 꽃길
앙상한 가지마다 흰나비 떼 두둥실
빈 하늘 화사하게 밝히고 있다

어둠 벽 박차고 쏟아져 나오는 사람들
마음속 묵은 짐 훌훌 날려버리고
살맛을 음미하는 발걸음 한가롭다

나들이 배낭 들쳐 멘 채
꽃나비 터널 숨 가뻐 달려드는 꼬맹이들
'우와– 우와–' 꽃잎 손바닥 치켜 올려 환호 소리 신난다

계절의 신이 짜 내리는 무아의 비단결들
황량한 내 가슴밭에도 봄바람 솔솔 스며든다
서로 껴안으며 어깨 나란나란 걸으며
우리네 세상살이에도 웃음꽃 활짝 피어났으면

가을이 오면

시월 하늘의 창 파랗게 열리면
내 마음은 어느새 고향 들판으로 내달린다
나를 먹여 키워준 혼머리 들녘
구부렁이 배롱나무 한 그루 들머리 지켜 섰고
땀내 베잠방이 아버지 노을 그림자가
볏모개로 순금 물살을 헤살짓는다

한 해 논갈이 지친 일소가
멍에 부려 버리고 논가 산자락에서
한가로이 풀을 뜯는다
메뚜기 잡으러 휘젓고 다니던
추억 같은 논두렁에 조막 소년 하나
흑백필름으로 높다라이 나부낀다

행복 찾기

미처 몰랐었네 하루치 땀방울
흠뻑 쏟아내고 둥지 들어 도란도란
어둠을 사를 때 그것이 행복인 줄을
지금 발 디딘 여기 이 자리
하찮은 일상에서 흐뭇함을 느낄 때
이 순간이 행복인 것을

뜬구름 잡으려 헤매는 무리들
오늘도 빈 하늘 찾아 떠도네
가진 것 크든 작든 자리 높든 낮든
아무 상관없는 일 행복은 언제나
이름표도 없이 지금 나 있는 여기
이 순간을 나그네로 서성이고 있네

독도에 가다

쉴 새 없이 뒤척이는 동녘 바다
아스라이 돛대처럼 떠 있는 형제 바위섬
태극기 치켜들어 만방에 펄럭인다

괭이갈매기 떼 반겨 머리 위 맴돌고
돌계단 올라서는 발걸음마다
한 핏줄 뛰는 맥박 찡하게 울려온다

발부리 채인 돌멩이도 정겹고
낭떠러지 갯장대 한 포기에서도
조국의 숨결 묻어난다

스물 네 시간 수평선 응시하는
새파란 파수꾼들 그 기상 늠름하구나
겨레의 넋 응결된 우리의 독도여!

전 성 규

순국선열의 노래
외 4 편

계간 '시인정신' 신인상으로 등단
한국가곡작사가협회 회원
시와여백작가회 회원
강원문인협회 회원
평창문학 회원
시집 : 『고향.com』
『그리움만 남겨 두고』
『그리움.com』
산문집 : 『시골길과 완행버스』 등 출간
박건호 노랫말 공모전 대상
근로자문화예술상
강원문학 작가상
홍완기 문학상
경북일보 문학대전 등 수상
현 대한상공회의소 강원인력개발원장 재직

H.P : 010-7345-7185
E-mail : sk7184@hanmail.net
200-170 강원 춘천시 퇴계동 한주@ 101-503

순국선열의 노래

아아 우리의 조국 대한민국의 국권회복을 위해 헌신하신 순국선열의 고귀한 정신 아아 거룩한 순국선열의 희생정신 어찌 다 말로 하리오 말로 하리오

대한독립 만세 목놓아 외치던 그 목소리 제국주의 타파 목숨을 바친 고귀한 희생 아아 영명한 이름들 순국선열의 정신들 어찌 다 잊으리오 말로 하리오

나라를 위해 목숨 바친 고귀한 얼 후세에 길이 전하리오 만세에 길이 전하리오 조국을 위해 몸 바친 숭고한 얼 영원히 기억하리오 영원히 이어가리오

통일의 그날을 위하여

구름은 바람 따라 저 산 너머 유유자적 흘러만 가는데 철새들은 훨훨 날개를 펴고 자유로이 철조망을 넘어 날아 다니는데 우리는 왜 마음 놓고 그곳을 넘나들지를 못하나 자유로이 넘나들지를 못하나

대동강은 유유히 흘러만 가는데 우리는 왜 저 강물을 건너 자유로이 넘나들지를 못하나 남북이 가로막혀 가고파도 갈 수 없어 발길을 멈추고 말없이 돌아서네 하늘을 나는 저 새들은 자유로이 넘나드는데

아아 하나 된 강산이여 하나 된 민족이여 어서 빨리 통일을 이루어 우리 모두 어우러져 통일의 노래를 부르세 내 형제 내 겨레 우리 모두 두 손을 마주잡고 통일의 찬가를 부르세 평화의 노래를 부르세

온 산하에 울려 퍼지도록 통일의 그날을 노래하세 어서 빨리 고향산천 꿈에 그린 내 고향 보고싶다고 어서 빨리 통일이여 어서 오라고 우리 함께 두 손 모아 노래 부르세 통일의 그날을 위하여 통일을 위하여

광복의 그날

새들은 자유로이 푸른 하늘 위에서 노래하고 온 세상은 광명의 기쁨을 노래하던 그날 아아 광복절 그날의 함성소리 해방의 노랫소리 대한민국 만세 환희의 목소리 아 대한민국 대한민국 만세 만세여

우리나라가 해방된 그날 민족의 힘이 하나 되어 우리의 혼을 되찾은 그날 아 대한민국 만세 광명의 노랫소리 온 세상에 울려퍼지던 그날의 함성소리 아 대한민국 만세 새 희망이여 영원히 영원히~

야화夜花

어느 늦은 밤 우연히
어둠 속에 누워 떨고 있는
꽃 한 송이 보았네

아침햇살처럼 눈부시던
화사한 그 자태 어디가고

체온 식은 바람에 부딪쳐
쓸쓸하게 흔들리고 있었네

찾는 사람 하나 없는 어둠 속에서
별빛 한 줄기 몸에 감싸 안고

바람소리 자장가 삼아
가난한 잠을 청하고 있었네

잠자리 그리기

가을 하늘
파아란 종이 위에
잠자리가 그려 놓은
선

이차선도 되고
사차선도 되고
횡단보도가 없는
길

누가 더 높이 날으나
가냘픈 나래를 펴고

빙빙 맴돌다
씽씽 달음박질치다
흥에 겨워 그려 놓은
그림

빨랫줄로
헹구어 낸 바람 한 줄
그 위를 밟고 가면

저만치서 다시 시작되는
잠자리 그리기

전 재 승

사막에 가는 이유

明知大 대학원 문예창작 전공 졸
1986년 『詩文學』 추천으로 데뷔
제9회 『문학과 의식』 신인상 수상
CBS문화센터 강사
『文學과 비평』 기자와 편집장을 거쳐 편집인 역임
『문학사계』 편집위원
제7차 개정 고교 『국어』 교과서 검토위원
한국문인협회
한국현대시인협회
한국시문학문인회
한국현대문예비평학회,
녹색문인회
한국기자협회 회원 및 한국미래문학연구원 감사로 활동
2005년 한국통신 KT 라디오 광고에 〈가을詩 겨울사랑〉 3개월간 방송
시집 : 『가을詩 겨울사랑』
『푸른 시절의 노래』 및
공저 『손에 잡히는 교과서 문학』

홈페이지 http:// jjs.i21c.net/

사막에 가는 이유

누가 그랬던가
추억을 잊으려는 사람들이
밤이면 사막에 간다고

맨발로 끝없는 모래 위를 걸으며
사풍沙風이 휘몰아치는 사막에 간다고

외로움의 발자국
하루 종일 달궈진 모래 속에 파묻으며
멀리 신기루가 보이는 사막에 간다고

눈을 뜰 수 없는 모래바람 속에서
낙타가 일어나 걷는 사막
피곤한 몸으로 잠자리에 누워
밤마다 우리가 가는 사막.

정 숙

독도여
외 2 편

문예한국으로 등단
동서문학회 자문위원
고양시문인협회 이사
한국문인협회
한국가곡작사가협회
포럼.우리시우리음악 회원
시집
『여자는 흔들릴 때가 아름답다』(1996 출간)
『여자는 흔들릴 때가 아름답다』(2008 출간)

cafe.daum.net/poempulldown
H.P : 017-226-3980
고양시 덕양구 화정동 은빛마을 525동 202호

독도여

동해의 푸른 물결 밝은 해 솟아
민족의 가슴에 횃불 지피는 봉우리
망망대해 깊은 곳에 꼿꼿이 발을 딛고
겨레의 기상을 하늘 높이 빛내라 하네
영원히 지켜야 할 우리의 숨결이여.

태고의 검은 물결 저녁 해 띄워
반도의 가슴에 등불 지피는 봉우리
잔잔한 파도 소리에 별빛 쏟아지는
아름답고 평화로운 세상 누리라 하네
영원히 지켜야 할 우리의 숨결이여.

아버지

– 비바람 들이치는 추녀 끝 아궁이에
찬바람 달래가며 생솔가지 활활 태워
군불 지피던 당신의 매캐한 눈물 –

한 평생 허기졌던 당신의 밥상 위에
찰지고 기름진 이 음식 차려놓고
잔불에 감자 굽던 당신의 거친 손등이
촛대 위에 가물가물 흔들립니다

한 줄기 바람조차 달래지 못하고
거친 생소리로 살아온 지난 날들
당신이 비운 이 자리에 서고 보니
떨리는 문풍지에도 당신이 그립습니다.

물의 행방

겨울 가뭄을 견디고 함박눈이 내리오
가지마다 하얗게 눈부신 겨울 숲에서
힘차게 날아오르는 새들의 날갯짓에
흰 살점 우두둑 떨어져 내리오
아, 저렇게 하얀 육신을 벗으면
투명한 물방울의 영혼들은
무엇으로 구름이 되고 비가 되어서
흐르는 강물에 몸을 섞는가.

여름 장마를 견디고 빗방울 머금어
잎새마다 파랗게 물드는 여름 숲에서
둥지를 날아오르는 새들의 날갯짓에
해맑은 물방울이 떨어져 내리오
아, 저렇게 초록빛 육신을 입으면
투명한 물방울의 영혼들은
무엇으로 흔들리는 바람 끝에 놓여서
한 송이 아름다운 꽃이 되는가.

정 희 정

세월의 강

외 4 편

경북 상주 출생
한국문인협회 정회원
한맥문학협회, 서석문학회
문학광장, 국보문학 정회원
월간 (한맥문학) 시 부분 (신인상)
월간 국보문학 수필 (신인상)
국보문학 임원 전북지회장
제19집 동인문집 마음의 숲 추진위원장
신문예 제13회 황진이 문학상, 수상
아름다운세상 (부회장 전북지역)
시집 : 『마음의 외출』
『마음의 산책』
『끝없는 물음』

H.P : 010-9656-5432
전북 익산시 약촌로 235(영등동)

세월의 강

하늘과 땅이 맞닿은 지평선
사라지는 바람은 불어서 가고
구름은 비가 되는 곳에서
강이 되고 바다가 된다.
희망의 온기溫氣를 전하러
해 붉은 눈물은 어깨를 쓸어안으며
노을이 이슬처럼 내려앉아
미풍微風의 바람결에도 내 영혼은
흔들리는 갈대가 된다.
나를 스치고 지나간 작은 소음조차도
과거와 현재, 미래가 희석된
시간, 추억이 된다.
추억은 세월 속에 머물고
인생은 강이 되어 삶의 파도를 타고
그 안에 나도 유유자적悠悠自適 흐른다.

빛이여

빛이여
희망의 빛으로 비추어라
오천 년 새 역사 벅찬 감동의 빛으로
자애로운 소망의 꿈을
가슴마다 태양 빛 듬뿍 담고
불멸의 기상처럼 빛나는 빛으로

창대하게 떠오른 태양이여
인류 역사상 빛나는 내일을 위하여
상생의 새 시대로 온 천지를 비추어라

화합으로 두둥실 떠올라
한 우리, 한 마음으로
오대양, 육대주를 찬란하게 비추리니
정견正見의 이치를 받들어
살기 좋은 아름다운 세상,
새 역사를 빛이여 비추어라

당신만을 사랑하리라

당신은 나의 생명, 희망
나의 영원한 미래

내 모든 것을 다 주어도
그 무엇이 아까우리오

가장 귀하고 소중한
내 심장의 주인

당신을 위해서라면
그 무엇을 주저하리오

이 생명 다하는 순간까지
당신만을 사랑하리라

봄 처녀

따사로운 봄 햇살 입고
아지랑이 하늘하늘 나상 같은 날개 달고
나비처럼 훨훨 날아 동구 밖까지
봄 처녀 버선발로 마중 나오리라

허공을 넓히던 우듬지
머리에는 매화꽃 고 깔 쓰고
남풍 불면 봄, 성화 피운 하얀 목련화
봄 내음 흩날리는

드넓은 파란 잔디 융단 위로
진주 이슬 신으시고
벚꽃 피는 그 길 따라 사뿐사뿐
곱게 칠보단장하고 오시리라

언제나 내 곁에서

그리움에 목마르면
제 곁에 와서 쉬어 가세요

사랑 가득 마르지 않는
배려의 격려로 목축이고
삶이 서러우면 내 어깨에 기대어
행복한 마음으로 편히 쉬어가세요

때론 미워질 때도
싫어서가 아니고
사랑하는 마음이 깊어서 그러니
변함없는 깊은 마음으로

언제나 내 곁에서
오래오래 머물러 주세요.

지 성 해

숭례문崇禮門아
외 4 편

호 서주(西疇)
한국가곡작사가협회 회원
상현문학회 회원
동인지 : 『이슬처럼 수정처럼』(2012)
『인생시계』(2014)

H.P: 010-2234-2506 TEL: 031-792-2506
E-mail: westfarm@hanmail.net
465-110 경기도 하남시 덕풍공원로 38.
106동 2204호(덕풍동. 하남자이)

숭례문崇禮門아

한양 에둘러 정겨운 성곽 사십 리
나라 지키려는 오백 년 일편단심

돌 위에 돌을 쌓아 다지고 다진
조상님 마음 다 이루진 못했구나

임진 병자 난리 병술 국치 분단
민족상잔 피어린 삼천리 금수강산

길 막은 휴전선 이산가족 70년
숭례문아 얼마나 마음 아팠더냐

이제 예의 숭상 동방의 나라 문
활짝 열어 통일 행렬 이어갈거나

우리 겨레 단청 빛 밝은 개선문
세계만방 알릴 그날 기다려야지

홍익인간弘益人間

여기까지만 생각해 억지부리며
선 긋고 따로 사는 나라 어딘가
어린 백성 위한다니 알 수 없어
단군 주신 말씀에 귀 기울이네

한겨레 함께 지녀야 할 큰마음
미움 다툼 넘고 이념 뛰어넘어
어린이에게 줄 가장 큰 선물은
반만 년 역사 이어온 홍익인간

꽹과리 징 장구 북 두드리어라
통일 향해 나아갈 신명나는 길
한마음으로 만나야지 독도에서
저 태평양을 향하여 홍익인간

슬픔에 잠긴 훈민정음訓民正音

찢어진 훈민정음 땅 치며 통곡하네
나는 백 너 흑 싫어 정 떼는 어린 백성
정음은 왜 멀리하고 민족상잔 하는가

휴전 중 전쟁 준비 사맞디 않는 남북
길 열어 오고 가며 제 뜻을 시러 펴라
이제는 돌아가야지 훈민정음 얼 찾아

나 있고 남 있는 법 스스로 주인 되어
조상님 뜻 받들어 큰 사랑 팔도강산
한겨레 젊은이 꿈은 태평양을 품어라

가랑비

우산 펴 들자 기다렸다는 듯
길고 긴 이야기 멈추지 않네

잔잔하게 이어지는 사설은
온 세상을 가득 채운 진실眞實

봄기운 가득 속삭이는 소리
잠든 나무 깨워 눈 틔우고

약수터 가는 진흙 길 내내
이 마음 깊은 곳 울리었네

미래가 준 엽서葉書

무심히 지나치는 이에게
마음 깊이 계절을 알리는
금년 일월에 돌잔치 한
우리 동네 귀염둥이 '미래'

하나 둘 떨어져 쌓이는
곱게 물든 잎이 신기한지
고사리 손으로 주워서
아장걸음 한 장씩 돌리네

둘러앉은 노인들에게
손녀가 전한 가을 이야기
느티나무 엽서에 날짜 써
책갈피에 간직해야지

진 일

편자의 꿈
외 4 편

전남 고흥 출생
1992년 풀밭동인으로 작품 활동 시작
노동문학상 은상 수상
현재 경마장 근무

H.P : 010-2559-6435
E-mail : il6435@naver.com
413-785 경기 파주시 교화읍 와동리 11블럭
동문굿모닝힐@ 1104-2102

편자의 꿈

그를 바람이라 부른다

경마장 최고의 경주마 그의
편자를 바꿔 신기고
닳아빠진 편자를 곱게 챙겨왔다
땀과 거친 숨소리를 닦아내고
앞발의 부귀와 뒷발의 행운도 마다하고
오직
우람찬 몸매에서 뿜어내는 질주에
녀석의 희망인 바람을 담아
머리맡에 걸었다

항상
운동화 앞코가 먼저 닳아지고
진흙탕 길을 걷듯 끌리던 발이
가볍게 날아올라 초원을 달렸다
바람처럼 세상을 자유롭게 날았다
속력의 아름다움을 즐기기 시작했다

편자를 신고
질주의 꿈을 꾸었다고
힘차게 달려보았다고

바람이 되었다고
녀석의 웃음에서 바람들이 쏟아져 나왔다

경마장의 봄

봄의 이름은 꽃이다

말 달리던 이곳에도 별들이 꽃송이로 내려와 지천이다
별일이다 꽃 속에 신방을 차리는 벌들이 없다
벚꽃이 눈을 가리고 목련과 개나리가 귀를 막는다
햇살을 가두고 바람을 풀어 놓고 있다
이상하다 역주행하는 말처럼 꽃이 피었다
경마장 함성소리 썰물인 듯 빠져 나간다
향기도 웃음도 없이 꽃들이 세상을 떠난다
늙은 말 한 마리 꽃비늘 바다에 슬픈 편지를 쓴다

결승선을 달리는 경주마
푸~릉
푸~르~릉
꽃잎을 날린다

거금도
–안부

만나는 사람마다
밥은 먹었냐고
물어오는 동네

치맛자락에
숟가락 닦아 건네며
안부를 묻는 사람들

매생이국에
김치 한 가지로도
배부른 인정

30년 도시생활에
몇 번쯤은
들었음직한 인사들

돌아드는 길목마다
밥은 먹었냐고 물어주는
사람들이 지천인

그런 거금도가 참 좋다

거금도
– 여자 어부

동창회에 산낙지 한 망태기를 가져온 그녀
검게 탄 얼굴 하얀 미소가 머무는
섬마을 초등학교 그때 그 친구다

바람 불던 날 어부는
흔들리는 고깃배를 타고 바다로 나갔다
삼손인 양 혼자 그물을 걷어 올리기 시작했다
돌아가는 롤러에 팔이 끼어도
기계는 멈추지 않고
파도는 더 거세지고
서울 어느 병원까지 가서야 봉합 수술을 했다
장어탕 가게를 해볼까도 했지만
배운 게 고기잡이라고
서방은 고깃배 키를 잡고 각시는 그물을 당기고
그렇게 그녀는 어부가 되었다

고향 가는 길에 설핏 들린 친구 집은 여전히 바다다
안부를 묻는 손을 잡은 채 안으로 끈다
막 잡아온 농어로 회를 뜨고
남편은 유자향주를 받으러 간다
얼굴이 불콰해 질 때
냉장고에 차곡차곡 얼려 놓았던
생선들을 어물전처럼 풀어 놓고는

여기까지 왔는데 줄게 없다며
꾸러미를 챙기는 미소가 어릴 적 그때 그 친구다

거금도 새우망 어선에는 그물을 던지는 여자 어부가 있다

자투리땅의 변화

바람이 꽃들을 데리고 왔다.

작년부터 아내는 아파트 공터에 수선화를 심어 꽃밭이라 부르고 나는 부추를 심고 텃밭이라 불렀다.

아내는 꽃피는 소리를 노래하나 나는 먹거리에 관심이 더 간다.

마파람을 타고 가는 고향엔 대문을 밀치기도 전 마중하던 마당가 자투리땅, 꽃을 좋아했던 어머니의 꽃 사이로 내가 좋아하는 부추가 있었다.
그 자투리땅이 그리워 부추를 심어 놓고 보니 고향이 그립다.

자투리땅은 고향의 마음을 담은 밥상이다.

수선화를 부추라고 부르는 막내딸 콧노래 같은 날 꽃들이 웃음소리처럼 우루루 달려 나와 햇살가지에 사랑을 매달기 시작한다.

최 숙 영

우리의 산하여!
외 4 편

〈현대시조〉 신인상으로 등단
한국문인협회, 한국시조시인협회, 한국여성문학인회,
한국동요음악협회, 한국동요작사작곡가협회 회원
한국여성시조문학회 이사
한국가곡작사가협회 편집위원 담당이사
저 서 : 시조집 『북을 치듯이』 출간
동시조집 『우리 집 철쭉꽃은』 출간

수상 내역
현대시조 〈좋은 작품상〉 수상
제1회 대한민국상상엑스포 〈창조상상특별공모전 – 창조부문 대상〉 수상
한밭아동문학협회 〈한밭아동문학상 – 동시조 부문〉

수상
한국동요음악협회 창립 50주년 기념식(YMCA)에서
〈개나리 동요대상 – 작사 부문〉 수상(수상작 옹달샘)
가곡 : 가을 들녘에 서서 외 다수

H.P : 010-7556-9020
E-mail : aramsy@hanmail.net
158-806 서울 양천구 목동동로 12길 23,
목동대림@1011-703호

우리의 산하여!

백두에서 한라까지 힘찬 저 맥박 소리
사계절 아름다운 금수강산 우리 산하
고요한 아침의 나라 문화의 꽃을 피워
강인하고 슬기롭고 지혜로운 우리 국민
오늘을 지켜왔네
오늘을 이루었네
찬란한 민족의 혼 꿈을 세워 놓았네
장하여라 대한민국 내일의 꿈을 향해
힘차게 힘차게 달려가세 달려가세.

대한의 건국 신화 높은 기상 이어받아
큰 바다 지켜주는 수려한 우리 산하
동방의 작은 나라 의지의 꽃을 피워
사랑으로 정을 나눈 따뜻한 우리 국민
오늘을 지켜왔네
오늘을 이루었네
빛나는 민족의 얼 꿈을 이뤄놓았네
장하여라 대한민국 통일의 꿈을 향해
힘차게 힘차게 달려보세 달려보세.

애모哀慕

산기슭 양지녘에 봉분으로 누워 계신
목련꽃같이 환한 그리운 어머니여!
망울망울 피어나는 꽃봉오리는
뽀오얀 속살 같은 당신의 혼불
올해도 잊지 않고 찾아오시는
이 봄날 당신 생각 꽃이 핍니다.

눈 녹은 산자락에 봉분으로 누워 계신
진달래같이 붉은 그리운 어머니여!
발그레 피어나는 꽃봉오리는
따뜻한 햇살 같은 당신의 미소
아롱아롱 봄길 따라 찾아오시는
이 봄날 당신 생각 꽃물 듭니다.

어린 소녀상에게

어쩌다 사랑하는 가족의 손을 놓고
꽃다운 그 나이가 너무 서러워
치욕의 그 세월 어찌 견디셨나요
저 푸른 하늘 어찌 바라보셨나요
현해탄 건너 그 수많은 이야기들
차마 말 못하고 떠나신 님들에게
다시 돌이킬 수 없는 천추의 한
이젠 우리 그 혼불 밝히는 노래
모두 함께 불러야 해요. 불러야 해요
어린 소녀의 아름다운 영혼을 위하여.

어쩌다 그 시대 여인으로 태어나
청춘을 몸 바쳤던 수난의 과거
통한의 그 세월 어찌 견디셨나요
해와 달과 별 어찌 바라보셨나요
잃어버린 인생 용서할 수 없는데
용서받지 못하고 떠나신 님들에게
다시 돌아올 수 없는 강일지라도
이젠 우리 그 혼불 밝히는 노래
모두 함께 불러야 해요 불러야 해요
어린 소녀의 아름다운 영혼을 위하여.

저 강이 풀리면

저 강이 풀리면 그 님이 오신다 했지
봄 햇살처럼 어느 날 찾아든다고 했지
목련꽃 피듯 내 창가에 피어난다 했지
연분홍 내 마음은 하르르 지고 있는데
아, 그리움의 강물은 저렇게 풀렸는데
무심한 세월은 속절없이 흘러가고 있네

내 안의 황홀한 그 봄날 다시 오리라는
그 꿈은 아직 속 깊이 간직하고 있으리
저 강물처럼 흘러만 가는 그리운 그대여,

강릉 가는 길

늘 푸른 동해바다 넘실거리고
산 높고 물 맑아 아름다운 곳
대관령 굽이 길을 한달음에 달리면
정겨운 고향 하늘 나를 반기네
오죽헌 대숲소리 천년을 가도
변함없이 들려오는 예향의 도시
그리운 옛 추억이 반짝거리며
봄, 여름, 가을, 그리고 겨울
따뜻한 어머니 품에 안긴 듯
내 마음 달려가는 강릉 가는 길.

시원한 파도소리 출렁거리고
강 깊고 골 깊어 정도 깊은 곳
대관령 굽이 길을 한달음에 달리면
구수한 사투리가 나를 반기네
경포대 호수 위에 달이 내리고
선교장 고가 지킨 문화의 도시
고향 집 옛 추억이 반짝거리며
봄, 여름, 가을, 그리고 겨울
사랑하는 어머니 품에 안긴 듯
내 마음 달려가는 강릉 가는 길.

하 옥 이

강물이 하나이듯

외 4 편

경남 합천 출생
한국가곡작사가협회 회장
세종특별자치시연합회 자문위원
한국음악저작권협회 회원
인사동시인들 동인
한국문인협회, 국제펜클럽 회원
KBS FM 위촉작품 : 「별이 내리는 강언덕」 외 다수
가곡집과 음반 독집 : 『내 영혼 깊은 곳에』 외 다수
한영시집 : 『비너스의 태몽』
『숨겨진 밤』 외 다수
단편소설 : 『찢어진 그물』 외 다수
중편소설 : 『나무는 혼자 서서 큰다』
장편소렬 : 『바람이 남긴 지문』
전)청파초등학교, 한국연예스포츠, 사건25시신문사
현) 월간 《신문예》, 도서출판 《책나라》 대표.

H.P : 010-5551-3888
E-mail : hol6103@daum.net
413-863 경기도 파주시 파주읍 봉서산로
225번길 46-1

강물이 하나이듯

화석정에 올라 임진강 내려다본다
강물도 분단의 아픔을 아는지
저리도 어깨 들썩이며 흐르고
분계선은 철저히 계절을 망각한 채
등 돌리고 있지만
이젠 그 녹슨 철조망을 거두고
통일의 꿈을 이뤄야 할 때
검문당하지 않고
저지당하지 않고
남북으로 자유 왕래하는 철새들에게
민족의 이름으로 묻는다
통일의 그날은 언제인지를…
고향을 눈앞에 두고 망향가를 부른다

푸르른 희망

바위의 산화가 모래라네
모래는 다시 바위가 될 수 없어도
흩어진 몸 작은 알갱이들 뭉쳐
거대한 빌딩이 된다네
모래성 쌓기에 애쓰는 저 아이들은
모래로 축성하는 법을 터득할 것이네
밀려오는 파도나
스쳐가는 바람에도 견디지 못하고
어디론가 흩어져버리는 모래가
배달민족의 고질이라고 자탄하지 마세
손에 손을 잡고 힘껏 노를 젓는
풍랑 앞의 대한민국호 대한민국호
이제 땀으로 반죽된 모래로
바위 같은 성과 빌딩을 세울 때라네

역사는 말한다
– 강화 초지진에서

짙푸른 저 소나무
포탄 맞은 자리가 훈장이다
관군의 피로 물든 역사의 현장
상처 깊어 향기 짙은 나무
잡새들 떼를 지어 날아드네
눈물인지 핏물인지
울컥 솟아오르는 분노인지
녹색 바람이 서늘한 가슴에
거친 파도를 일으키네
잦았던 왜침은 물론
병인양요와 신미양요를 우리는
잊지 않는다네. 잊어선 안 된다네
역사를 증언하는 저 소나무와
난바다 너머 총성 들리는 그곳
수평선을 보고 있다네.

어느 날의 기도

이 백성의 마음이
감사할 줄 몰라 인생길 비바람 부른다
바쁘고 고달프지만
무릎 꿇고 기도할 줄 몰라
삶이 지겹고 목마른 것 아닌가
아침에 일어나
밝은 빛 볼 수 있음에 감사하고
저녁에 들어와
무사한 하루를 감사하는
참으로 좋은 우리나라 대한민국
이 나라 이 민족 위해
낙타의 무릎이 되기까지
내 목숨 핏빛으로 기도하는….

인사동 스캔들

그때 그곳에서
詩를 낳고 싶어 찾아들면
소리 없는 고통 풀어주기보다는
그냥 당신의 그늘 밑에서 짧은
휴식이 있었을 뿐
언제부턴가 우리는 詩 대신
파란 입술에 거친 문장을 토하며
지난 날의 사랑을 기억하지 못한다
허름한 찻집에서
억지스럽게 시를 잉태하려 하지만
과거와 현재가 부딪쳐
사랑이란 말은 너무 우스워졌다
이래저래
폐경에 이르러 더 이상 여기는
시를 낳을 수 없는 어느 누구의
꽃도 풍경도 아니지만
마음이 아프면 찾는 내 고향

한 문 수

구름 밭에 낚싯대 드리우고
외 4 편

서울 출생
한국가곡작사가협회 이사
한국문인협회
국제펜클럽
사진작가협회 회원

H.P : 010-7166-5417
E-mail : hanms11kr@hanmail.net
695-949 제주특별자치도 제주시 한경면 청수리 271
(문수농원)

구름 밭에 낚싯대 드리우고

이른 아침 백로 울음소리에 물안개가 걷히는
저수지 낚싯대를 드리운다
찌 끝에 시선을 모으려니 앞산 풍경이 내려앉고
한낮 땡볕 지나 낚싯대가 졸린 시간
앞마을 굴뚝에서 송아지 울음소리가
피어오르고 피어 오르고
저수지는 온통 구름 밭이 되었네! 어허허허
어허허허 저수지는 온통 구름 밭이 되었구나

이른 아침 백로 울음소리에 물안개가 걷히는
저수지 낚싯대를 드리운다
저수지에서 내려앉은 풍경에 입 맞추며
춤을 추는 물고기들 춤을 추는 물고기들
앞마을 굴뚝에서 송아지 울음소리가
피어오르고 피어 오르고
저수지는 온통 구름 밭이 되었네! 어허허허
어허허허 저수지는 온통 구름 밭이 되었구나.

한라산

수평선을 가슴에 품고
천년의 물살을 가르는 바위섬

파란 하늘가 바람에 몸을 맡기고
흘러 흘러 흐르다가
백록담에 내려앉은 흰구름

구름꽃이 피었네
하늘꽃이 피었네

천년의 바다를 두르고
물살을 헤쳐가는 바위섬
한라산 백록담 산정에 우뚝 선
노루 한 마리
발밑에서는 송이 송이

구름꽃이 피어난다
하늘꽃이 피어난다.

나는 바람이 되고 싶네

이렇게 맑은 날이면 바람이 되고 싶네
오라는 곳 없어도 들판을 달리고 싶어
새싹들을 보듬으며 사랑도 나누어 보고
떠나는 이웃들의 야윈 꿈도 보듬어가며
천 년을 떠도는 바람이 되고 싶어지네

이렇게 맑은 날이면 바람이 되고 싶어
오라는 곳 없어도 들판을 달리고 싶어
형체도 소리도 향기마저도 없는 당신이여
봄이면 산과 들에 피는 꽃잎에 물들어
새싹을 티우는 바람이 되고 싶어지네
천 년을 떠도는 바람이 되고 싶네

꿈길로 오소서

봄이 오면 그대 생각에 찾아오는 이 거리
웃음으로 맞아주며 손을 내밀던 그대 모습
아 아~ 그리워 그리워~
오늘 밤은 꿈길로 오소서
없어도 있는 듯이 있어도 없는 듯이
아~ 임이여
꿈길로 오소서

가을이면 그대 생각에 다시 찾는 이 거리
파란 하늘가에 흰 구름으로 떠가는 당신 모습
아 아~ 그리워 그리워 오늘 밤은 꿈길로 오소서
있어도 없는 듯이 없어도 있는 듯이
아~ 임이여
꿈길로 오소서

아내

이 세상 나를 의지하며
모진 풍파 헤치며 살아가는 당신
습관처럼 툭툭 내뱉는 나의 독기를
가슴으로 품어 삭이면서
비위를 맞추려고 애쓰는 그 표정
당신은 나의 심장
나는 당신의 가슴
주름 그늘 짙어가는 아내의 잠든 얼굴에는
눈물 꽃이 피어난다 피어난다.

부 록

Ⅰ. 회칙

Ⅱ. 연혁

Ⅲ. 노래시집 발간

Ⅳ. 임원 및 회원 명단

Ⅴ. 제15회 성울창작가곡합창제

Ⅵ. 제21회 서울창작가곡독창제

Ⅰ. 회 칙

제1장 총 칙

제1조(명칭) : 본회의 명칭은 「한국가곡작사가협회」라 한다.

제2조(목적)

① 본회는 회원들에게 작사 의욕을 높여주고 작품발표의 기회를 확대하며, 작사에 따른 회원들의 권익보호와, 나아가 상호간의 친목을 도모하는 데 있다.

② 본회는 작곡가들에게 좋은 가사를 제공함으로써 작곡가들로 하여금 작곡의 기회를 넓혀 주고 아름다운 곡을 창작케 하여 널리 불리어지게 하는 데 그 목적이 있다.

제3조(본부) : 본회는 서울특별시에 본부를 둔다.

제2장 사 업

제4조(사업) : 본회는 제2조의 목적을 달성하기 위하여 다음과 같은 사업을 수행한다.

① 작사 활동 및 작품 발표
② 연구 발표회 및 강연회 개최
③ 작곡 발표회 및 우리 가곡 부르기 운동 전개
④ 작사에 따른 회원의 권익보호
⑤ 회원 상호 간의 친교활동
⑥ 기타 본회의 목적 달성에 필요한 제반 활동

제3장 회　원

제5조(회원자격) : 본회의 목적에 찬동하고, 한국가곡을 사랑하며, 가곡작사에 관여했거나 관심이 있는 사람으로, 임원회의 심의를 거친 후 입회비와 연회비를 납부한 자로 한다.

제6조(회원의 권리) : 본회 회원의 권리는 다음과 같다.
① 선거권 및 피선거권
② 작사에 따른 제반 권익보호를 받을 권리
③ 본회의 제반활동에 참가할 권리

제7조(회원의 의무) : 본회 회원의 의무는 다음과 같다.
① 회칙에 따라 행하여지는 제반 결의사항을 준수할 의무
② 정한 기간 내에 일정한 작품을 제출할 의무
③ 소정의 회비를 납부할 의무

제8조(회원의 자격상실) : 본회 회원은 다음과 같은 경우에 회원의 자격을 상실한다.
① 정당한 사유 없이 연회비를 2회 이상 납부하지 않았을 경우
② 본회의 명예를 심히 실추시켰을 경우

제4장 조　직

제9조(조직) : 본회의 운영을 위하여 다음과 같은 조직을 둔다.
① 고　　문 : 본회 회장을 역임한 자를 고문으로 둔다.
② 자문위원 : 본회 운영상 필요하다고 인정되는 약간 명의 자문위원을 둘 수 있다.

③ 명예회장 : 본회는 전임 회장을 역임한 분은 당연직 명예회장이 된다.

④ 회　　장 : 본회 업무를 총괄하고 본회 대표가 된다.

⑤ 이　　사 : 이사는 본회의 회장단회의에서 선임한다.

⑥ 기타임원 : 회장이 본회 운영상 필요하다고 인정되는 임원을 회장단회의에 보고 후 서임한다.

제5장 임　원

제10조(임원) : 본회는 다음과 같은 임원을 둔다.

① 회　　장 : 1명
② 부 회 장 : 약간 명
③ 이　　사 : 약간 명
④ 사무국장 : 1명
⑤ 사무차장 : 1명
⑥ 간　　사 : 1명
⑦ 감　　사 : 2명

제11조(임원 의무) : 본회 임원의 의무는 다음과 같다.

① 회　　장 : 본회를 대표하여 모든 회의를 총괄한다.
② 부 회 장 : 회장을 보좌하며 회장 유고시 이를 대행한다.
③ 이　　사 : 본회의 제반 업무를 추진한다.
④ 사무국장 : 본회의 제반 업무를 기획 추진 관리한다.
⑤ 사무차장, 간사 : 사무국장을 보좌하며 유고시 이를 대행한다.
⑥ 감　　사 : 2명 : 본회 1년 동안 제반 회계를 감사하여 보고한다.

제12조(선출 및 임기) : 본회 임원의 임기는 2년으로 한다. 회장 및 감사는 총회에서 선출하고, 나머지 임원은 회장단에서 선임한다. 단,

모든 임원은 연임할 수 있다.

제6장 회　의

제13조(회의) : 본회의 회의는 총회와 회장단회 및 임원회로 한다.

제14조(총회)

① 총회는 정기총회와 임시총회로 구분하며, 정기총회는 매년 1월 중에 회장이 소집하고, 임시총회는 임원의 2/3 이상의 요청이 있을 때나, 재적 총회원의 1/3 이상의 요청이 있을 때 회장이 소집한다.

② 총회에서 의결하는 사항은 다음과 같다.

1. 회칙 개정
2. 회장, 감사 선출
3. 사업보고
4. 사업계획 및 승인
5. 예산 및 결산승인
6. 기타 중요 사항

제15조(회장단회의)

① 회장단회의는 회장과, 부회장, 사무국장, 명예회장, 고문으로 구성하며 회장이 필요시 소집하여 사업계획 및 기타 회무를 처리한다.

제16조(임원회) : 임원회는 임원들(10조)로 구성하며 회장이 필요시 소집한다.

제17조(정족수) : 총회의 정족수는 총회원의 1/3 이상이 될 때 성립되며, 모든 의결은 출석회원 과반수의 찬성으로 한다.

제7장 재원 및 회계 연도

제18조(재원) : 본회의 운영 기금은 회원이 납부하는 회비와 기타 찬조금 등으로 충당하며, 회원의 연회비는 임원회에서 결정한다. (회장 30만원, 부회장 20만원, 고문 · 자문위원 10만원, 이사 10만원, 회원 5만원, 입회비 15만원(연회비 포함))

제19조(회계 연도) : 본회의 회계 연도는 매년 1월 1일부터 당해연도 12월 31일까지로 한다.

제8장 부 칙

제1조(시행세칙) : 본회 운영에 필요한 시행세칙은 임원회에서 정하여 시행한다.

제2조(준용관례) : 본회의 회칙에 규정되지 아니한 사항은 통상관례에 따른다.

제3조(발효) : 본 회칙은 1990년 5월 24일(창립일)로부터 시행한다.

1차 개정 : 본 회칙은 1993년 1월 26일로부터 시행한다.
2차 개정 : 본 회칙은 1994년 1월 19일로부터 시행한다.
3차 개정 : 본 회칙은 2000년 1월 25일로부터 시행한다.
4차 개정 : 본 회칙은 2004년 3월 12일로부터 시행한다.
5차 개정 : 본 회칙은 2006년 2월 3일로부터 시행한다.
6차 개정 : 본 회칙은 2006년 6월 9일로부터 시행한다.
7차 개정 : 본 회칙은 2008년 2월 22일로부터 시행한다.
8차 개정 : 본 회칙은 2015년 4월 25일로부터 시행한다.

Ⅱ. 연 혁

창립 : 1990. 5. 24 시인, 수필가 등 24명이 모여 창립하였다

제01회 : 1992. 12. 2. 호암아트홀
(한국작곡가회 주최, 문화진흥원 후원)

제02회 : 1993. 11. 26. 호암아트홀
(한국작곡가회 주최, 문화진흥원 후원)

제03회 : 1994. 4. 21. 세종문화회관 대강당
(서울시향, 서울 시립합창단 협연)

제04회 : 1994. 9. 23 예술의전당 음악당제1회서울창작가곡제

제05회 : 1995. 4. 24. 부산시민회관 대강당
(서울시향, 서울 시립합창단협연)

제06회 : 1995. 8. 09. 예술의전당 음악당-광복 50주년 기념
제2회 서울 창작 가곡제

제07회 : 1995. 9. 02. 유림아트홀(인천작곡가회와 합동주최)

제08회 : 1995. 10. 14. 문예회관 대강당(부산 작곡가회와 합동 주최)

제09회 : 1995. 11. 09. 호암아트홀(배달 녹색 연합회)

제10회 : 1996. 6. 06. 전북예술회관
(전주 작곡가회와 합동 주최)

제11회 : 1996. 7. 15. 제3회 서울 창작 가곡제(세종문화회관)

제12회 : 1996. 8. 16. 서울중등가곡사랑회와 합동,창작가곡
발표(리틀엔젤스예술회관)

제13회 : 1996. 10. 07. 합창곡 발표(리틀엔젤스 예술회관)

제14회 : 1996. 10. 27~28 국립극장(중앙국립관현악단과 합동)

제15회 : 1997. 6. 02. 제4회 서울 창작가곡제 호암아트홀
(한국작곡가회와 합동)

제16회 : 1997. 6. 30. 서울중등가곡사랑회와 합동, 창작가곡발표회
(문예회관 대극장)

제17회 : 1997. 7. 02. 인천예술회관(인천작곡가회 합동)
제18회 : 1998. 5. 12. 부산문예회관(부산작곡회화 합동)
제19회 : 1998. 6. 04. 문예회관 대극장(서울중등가곡사랑회와 합동)
제20회 : 1998. 10. 22. 제5회 서울창작 가곡제(여의도 KBS홀)
제21회 : 1999. 5. 20. 춘천문화회관(전북작곡가회 주관)
제22회 : 1999. 6. 14. 제6회 서울창작 가곡제
(연세대 100주년 기념관)
제23회 : 1999.10. 07. 전북 예술회관(전북작곡가회 주관)
제24회 : 2000.11. 06. 제7회 서울창작가곡제(국립극장,)
제25회 : 2001. 9. 19. 제8회 서울창작가곡제(국립극장)
제26회 : 2002. 5. 14. 부신 금정문화회관
(한국음악연구회, 작악회 협찬)
제27회 : 2002. 10. 22. 제9회 서울창작가곡제(국립극장)
제28회 : 2002. 11.12. 서초구민회관(서울 중등가곡 사랑회)
제29회 : 2003. 10. 21. 제10회 서울창작가곡제(명동 꼬스트 홀)
제30회 : 2004. 12. 06. 제11회 서울창작가곡독창제
(국립극장 달오름 극장)
제31회 : 2005. 9. 02. 제6회 서울창작가곡합창제
(국립극장 달오름 극장)
제32회 : 2005.11.11. 제12회 서울창작가곡독창제(백석아트홀)
제33회 : 2006. 6. 16. 제7회 서울창작각곡합창제
(국립극장 달오름 극장)
제34회 : 2006. 10. 27. 제13회 서울창작가곡독창제
(명동성당 꼬스트홀)
제35회 : 2007. 6. 30. 제8회 서울창작합창제(백석아트홀)
제36회 : 2007. 11. 09. 제14회 서울창작가곡제
(명동성당 꼬스트홀)
제37회 : 2008. 09.26. 제9회 서울창작가곡합창제(명동 꼬스트홀)

제38회 : 2008. 12. 16. 제15회 서울창작가곡독창제(명동 꼬스트홀)
제39회 : 2009. 09. 18. 제10회 서울창작가곡합창제(장천아트홀)
제40회 : 2009. 11. 15. 제16회 서울창작가곡독창제
(세종문화회관 채임버홀)
제41회 : 2010. 10. 21. 제11회 서울창작가곡합창제(백석아트홀)
제42회 : 2010. 11. 26. 제17회 서울창작가곡독창제(백석아트홀)
제43회 : 2011. 09. 19. 제12회 서울창작가곡합창제
(중앙대학교 아트센터 대강당)
제44회 : 2011. 10. 27. 제18회 서울창작가곡독창제
(아르트TV 연주홀)
2012. 6. 23. 문학기행 및 세미나(문산일대)
제45회 : 2012. 9. 24. 제13회 서울창작가곡합창제(백석아트홀)
제46회 : 2012. 11. 9. 제 19회 서울창작가곡독창제(아르떼홀)
2013. 5. 25. 문학기행 및 세미나(경기도 고양시 일원)
제47회 : 2013. 9. 9. 제14회 서울창작가곡합창제(백석아트홀)
제48회 : 2013. 12. 5. 제20회 서울창작가곡독창제(중앙대 아트센터)
제49회 : 2014. 9. 27. 제15회 서울창작가곡합창제(백석아트홀)
제50회 : 2014. 11. 6. 제21회 서울창작가곡독창제(예술의전당)
제51회 : 2015. 00. 00. 제16회 서울창작가곡합창제
제52회 : 2015. 00. 00. 제22회 서울창작가곡독창제

Ⅲ. 노래시집 발간

제01집 : 꿈꾸는 40인의 노래(1990년)
제02집 : 그리움으로 피는 40개의 꽃송이(1991년)
제03집 : 시가 흐르는 노래의 강물(1993년)
제04집 : 시와 그리움의 노래(1994년)
제05집 : 한 자락 꿈은 노래가 되어(1996년)
제06집 : 시는 노래가 되어(1997년)
제07집 : 시는 노래가 되어(1998년)
제08집 : 시는 노래가 되어(1999년)
제09집 : 시는 노래가 되어(2001년)
제10집 : 시는 노래가 되어(2002년)
제11집 : 시는 노래가 되어(2003년)
제12집 : 시는 노래가 되어(2004년)
제13집 : 시는 노래가 되어(2005년)
제14집 : 시는 노래가 되어(2006년)
제15집 : 시는 노래가 되어(2007년)
제16집 : 시는 노래가 되어(2008년)
제17집 : 시는 노래가 되어(2009년)
제18집 : 시는 노래가 되어(2010년)
제19집 : 시는 노래가 되어(2011년)
제20집 : 시는 노래가 되어(2012년)
제21집 : 시는 노래가 되어(2013년)
제22집 : 시는 노래가 되어(2014년)
제23집 : 시는 노래가 되어(2015년)

Ⅳ. 임원 및 회원 명단

고　　문 : 엄원용, 박영원, 송문헌
자문위원 : 박영만, 신영옥, 이난오, 전석홍
명예회장 : 이광녕
회　　장 : 하옥이
부 회 장 : 김석근, 김화인, 노유섭, 박남권, 박영애, 성승부, 장미숙, 전산우, 정　숙
감　　사 : 김성수, 류한상
사무국장 : 김미형
사무차장 : 남민옥
사무간사 : 진　일
편집위원담당이사 : 지성해, 최숙영
문학기행담당이사 : 송귀영, 임경희
기획담당이사 : 신충훈, 한문수
영상담당이사 : 배수현, 신상철
홍보담당이사 : 박원혜, 박하린
이　　사 : 곽금남, 권혁수, 김연하, 김윤승, 김철교, 김태호, 도춘원, 류재영, 서봉석, 신계전, 양전형, 유영애, 유희봉, 윤연모, 이한현, 이향아, 장후용, 전성규, 전재승, 조일규
회　　원 : 김기동, 김숙선, 김종선, 남유정, 문경남, 박달목, 박이정, 안주일, 양만규, 양영태, 양점숙, 이가인, 이선용, 이영린, 임승대, 정광제, 정희정

노래시집 23

시는 노래가 되어

인쇄일 | 2015. 04 . 23
발행일 | 2015. 04 . 23

발행인 | 하 옥 이
지은이 | 한국가곡작사가협회
홈페이지 | www.jaksaga.net
카　페 | http://cafe.daum.net/hangukgagokjsg1990

펴낸이 | 김 화 인
디자인 | 김 진 순
펴낸곳 | 도서출판 조은

등　록 | 1995년 7월 5일 등록번호 제2-1999호
주　소 | 서울 중구 인현동1가 19-2 대성빌딩 405호
전　화 | (02)2273-2408
팩　스 | (02)2272-1391
이메일 | fine-211@hanmail.net
인쇄처 | 열린기획

ISBN 978-89-94329-65-9

값 20,000원

※ 작곡을 원하시는 작곡가는 한국가곡작사가협회나
회원에게 문의 바랍니다.